U0657645

好妈妈胜过好老师

做父母应有的智慧

尹建莉 著

作家出版社

图书在版编目（CIP）数据

好妈妈胜过好老师. 做父母应有的智慧 / 尹建莉著. --
北京：作家出版社，2025.7. -- ISBN 978-7-5212-3199-1

Ⅰ．G78

中国国家版本馆 CIP 数据核字第 2025UW8437 号

好妈妈胜过好老师——做父母应有的智慧

作　　者：尹建莉
策　　划：郑建华
责任编辑：郑建华　李　雯
装帧设计：BOOK DESIGN
出版发行：作家出版社有限公司
社　　址：北京农展馆南里 10 号　　　　邮　　编：100125
电话传真：86-10-65067186（发行中心）
　　　　　86-10-65004079（总编室）
E-mail:zuojia@zuojia.net.cn
http://www.zuojiachubanshe.com
印　　刷：三河市紫恒印装有限公司
成品尺寸：165×240
字　　数：220 千
印　　张：16.5
印　　数：10001-15000
版　　次：2025 年 7 月第 1 版
印　　次：2025 年 7 月第 2 次印刷
ISBN　978-7-5212-3199-1
定　　价：49.00 元

作家版图书，版权所有，侵权必究。
作家版图书，印装错误可随时退换。

改版前言

当我们理解了一个儿童，
就理解了所有的孩子

尹建莉

我的第一本家庭教育著作《好妈妈胜过好老师》于 2009 年出版，一经上市即引起巨大轰动，在各大图书畅销榜上数年雄踞前几名，十多年长销不衰。

本书的畅销得益于读者的互相推荐。当公众多年来在一些虚饰浅陋的教育话语下深感迷茫，或在老生常谈的话语下深感倦怠时，他们意外地被这真实、深刻和美震撼了。"受益匪浅"和"相见恨晚"是我收到的读者反馈中出现最多的两个词。

我本人具有教师、教育研究者和妈妈几重身份。在《好妈妈胜过好老师》这部著作中，我经常从一个母亲的角色进入问题，却始终以专业工作者的学识和态度来看待问题和分析问题。

本书内容大部分取材于我和女儿的日常交流，道理却是普适性的。无数家长因为这本书而发生教育观念的重大转变，无数孩子因这本书而受益。

美国作家梭罗说过："多少人在读了一本书后，开始了他生活的新纪元！一本书，能解释我们的奇迹，又能启发新的奇迹，这本书就为我们而存在了。"

在这里我要特别感谢作家出版社，他们慧眼识珠，逆市而上，使本书和读者顺利见面。尤其是责任编辑郑建华，本书出色的市场表现，离不开他出色的眼光和努力，《好妈妈胜过好老师》这个书名就是他定的。为了找到一个恰当的书名，我们前前后后想了一百多个，当他最终提出"好妈妈胜过好老师"时，我们都有眼前一亮的感觉。这个书名在当时来说，几乎是呼喊出了一个革命性的观念，够大胆，够颠覆。

很久以来，我们对学校教育寄予的期望太高太多，而家庭教育的功能及重要性却被严重低估。"好妈妈胜过好老师"与其说是颠覆，不如说是还原。它让人看到学校教育的有限性和家庭教育的重要性；看到"教育"不在宏大的口号里，而在日常生活细节中，儿童最重要的老师首先是父母——这样的观念其实并不新鲜，只是以前很少有人这样勇敢而明确地说出来。

在《好妈妈胜过好老师》出版五年之后，我的第二部教育著作《最美的教育最简单》出版。

本书仍采用案例写作的手法，案例主角扩展为更多的孩子，展示了前一本书尚未涉及的另一部分儿童教育生活，对大家面临的种种教育问题进行了深入而细腻的解读，并指出当下教育面临的种种误区，同时为读者提供了许多可操作的方法。它让大家看到，美好的教育并不复杂，有效的教育往往是朴素而简单的。

本书同样受到读者欢迎，销量可观，荣获 CCTV 评选的"年度好书"。北京大学老中青三代学者从浩如烟海的古今中外图书中评选出了《影响人生的书单》，本书荣幸入选。

在这两本书出版时间平均近十年的情况下，种种原因，我和出版社都认为有必要对这两本书进行修订再版。在保持原有篇章基本不变的情况下，删减一些已经不合时宜的内容，修改几处当时还不够成熟的观点，增加一部分必要的新内容，重新编排章节、润色文字，使其作为经典教育著作能够与时俱进，更好地服务于读者。

任何时代任何人提出的任何思想，都是某种"自我"角度的看法，所以不能保证被所有人认可，或者说思想本身也可能是偏见。从我个人来说，也经常有自我否定的情况，跟随着否定的总是进步。我诚实地对原著内容进行了审视和修订，但我仍然不能保证这次改版后的观念都是正确的。可以确定的是，随着时间推移，一定有些新的问题会呈现出来。我会始终保持学习的态度、容纳的态度、接受的态度面对新形势、新观念。本书若有观念不能够跟上时代，希望读者朋友们给予批评，并且见谅，你看到了一个人的局限，就看到了自己的进步。

在这里我要再一次向著名学者钱理群教授和我的导师朱旭东教授表示感谢，他们的推荐是对这本书最中肯的评价；他们自身的社会威望和学术公信力，让读者更加信任这本书。

感谢所有的读者朋友，本书的终极价值体现在你们那里，是你们的阅读让这本书得以传播，是你们的理解让这本书放出光彩，是你们的应用让这本书变得真正有价值。尤其感谢很多中小学教师和校长，他们正是本书的主力推荐人群，很多家长就是从学校召开的家长会上知道这本书的。

感谢我的家人，是家人的支持，为我的成长提供了良好的土壤。

尤其感谢我的孩子，她的出生是我生命中最重要的事件之一，从这里我开启了自我成长之路。在陪伴女儿成长的岁月里，我对儿童的理解从书本知识转移到活生生的人身上，对教育的认识从单调的理论进入到多姿多彩的实践中。当人们读我的书时，很多人感叹我作为妈妈对孩子遇到的问题处理得那么好，事实上这并非天赋，而是和孩子共同成长的结果。与其说是我教育了女儿、塑造了女儿，不如说是女儿教育了我、塑造了我。

我并没有力量让我的孩子成为什么样的人，作为养育者，我只是不给她太多压力和干扰，在她需要帮助的时候给予恰当的帮助。而她，催化了我的母爱，激活了我的内在能量，点燃了我对教育的热情，让我最终有力量创作出《好妈妈胜过好老师》及此后的几本教育著作。在和女儿的相处中，我深深地体会到"和孩子一起成长"是多么美妙的一件事。

一花一世界，一叶一菩提。每一个儿童都是一个小宇宙，当我们理解了一个儿童，就理解了所有的孩子；当我们能理解所有的孩子，就能容易地理解任何一个孩子。儿童不是需要我们去打造的弱小的人，而是尚未被扭曲变形的完美的神。

神性的存在让这个世界得到某种程度的净化，使人类延续。唯愿天下儿童都有一个幸福的童年。

要感谢的人很多，在此一并致谢——谢谢大家，祝福大家！

前言

当我们手上有块玉时

读到一则寓言。一位农夫得到一块玉，想把它雕成一件精美的作品，可他手中的工具是锄头。很快，这块玉变成了更小的玉，而它们的形状始终像石头，并且越来越失去价值。

年轻的父母也得到一块玉——可爱的孩子——多年后的结果却是，一些人得到了令人满意的作品，一些人眼瞅着玉石的变化越来越失望。二者的区别，就是后者使用的，常常是锄头。

可有谁会认为自己那么笨呢？现代人都很自信。

我认识一位博士，他个人无论在做学问、干工作还是为人处世等方面都非常好。中年得子，珍爱如宝。他知道做人比做学问更重要，所以特别注意孩子的品格培养。他的孩子刚刚两岁，经常自顾自地玩耍，大人和他说话充耳不闻。做父亲的认为礼貌要从小培养，看到孩子这样，很着急，就会走过去拿开孩子手里的东西，严肃地告诉他，大人和你说话必须要回答。孩子对他的话不在意，当下哭闹一番，事后总是"故技重演"；他就一次次地把儿子从玩耍中拉出来，对儿子进行批评教育。他坚定地说："我必须要把孩子的坏毛病纠正过来！"

博士不知道，两岁的孩子还没建立起人际交往的互动概念。对这么小的孩子谈礼貌，宛如对牛弹琴，他不仅听不懂，还会被吓着。最重要的是，他这时正处于开始认识世界的关键期，对一切都充满好奇，一张小纸片、半截烟头都可能让他沉迷。儿童的智力发育、注意力培养、兴趣发展都离不开这种"沉迷"。这看似无聊的玩耍，正是孩子对未来真正的学习研究进行的"前期准备工作"。无端地、经常地打扰孩子，会破坏他的注意力，使他以后很难集中精力去做一件事情，同时也失去对事物的探究兴趣。此外，"礼貌教育"频频引发家长和孩子的冲突，还会导致孩子在认知上不知所措，扰乱孩子正常的心理成长秩序，使他情绪烦躁，并且对环境产生敌意，影响品行发展。

博士绝不怀疑自己是一位琢玉高手，却不知他此时运用的正是锄头——家庭教育中的错误就这样在无意间产生，使结果和愿望背道而驰，这是最令人遗憾和痛心的地方。

这几年接触了不少家长，更多的是一些所谓"问题儿童"的家长。我从不同的案例中看到一个共同现象：家长无意中所犯的一些小错，日积月累，会慢慢形成一个严重困扰孩子的大问题，给孩子带来深刻的痛苦，甚至扭曲孩子的心灵。不是家长爱心不够，而是他们不知道有些做法不对。

西方有句谚语："地狱之路有时是好的意图铺起来的。"是啊，哪个家长的教育意图不好呢？当良好的意图和令人失望的结果形成巨大反差时，许多家长都抱怨孩子，说孩子自己不争气，天生就是一块不可雕的朽木——这是显而易见的强词夺理——如果问题来源于孩子自身，是他天生带来的，那孩子自己有什么办法呢，正如一个人眼睛太小不能怪自己一样；如果问题只能通过孩子自我认识、自我改变来解决，所谓"教育"的功能又在哪里呢？

也有人把个体教育中的一些问题归结到"社会""政策""时代"等宏大因素上。这种归结习惯，最典型的如近年来大、中、小学校园里无论发生什么负面事件，人们都要在"教育体制"上找原因，到最后，板子基本上都要打到"高考"上。高考——这在我国目前来说最公平的一项教育政策，现在成了替罪羊，成了一切教育问题的"罪魁祸首"。

世界上没有哪个国家的教育体制能完美到可以解决每一个学生的个体问题。每一个孩子都是一个独有的世界，他的成长，取决于和他接触的家长和教师给他营造的、直接包围着他的"教育小环境"。这个小环境的生态状况，才是真正影响孩子成长的决定性因素。

家长作为和孩子接触时间最早、最长的关键人物，是"小环境"的主要营造者——家长在日常生活中，在每一件小事上如何引导孩子、如何处理和孩子的关系，几乎每一种细节都蕴含着某种教育机缘。对细节的处理水平，区分出了家长手中握着的是锄头还是刻刀——它使孩子的世界与未来全然不同。

在这本书中，我就孩子成长中的种种问题写了很多细节，也给出了很多方法。无论这些"方法"多么不同，它们其实都是建立在一些共同的教育理念上的。"方法"固然重要，但再多的方法也无法穷尽一个人遇到的所有教育问题。正确的教育理念则如同一把万能钥匙，可以打开不同的锁。表面上看，本书各篇文章都在独立地谈某一个问题；事实上，所有的观点和方法都有内在逻辑上的一致性。当你读完了这里的所有文章，会有一个比较清晰的理念框架进入到观念里——遇到各种问题时，你基本上就会明白该如何做了，"方法"也会自然地来到你的身边。

希望这本书对家长们有用，尤其是年轻的父母们。

培养一个好孩子，不仅是对家庭负责，也是对民族发展负责，对未来社会负责。正确的教育方法是一把精美的刻刀，错误的教育方法就是一柄锄头——当我们手上有一块玉石时，我们必须做得正确。

我眼中的妈妈

圆圆

正像每位父母对孩子都有着深刻影响那样，妈妈对我的影响无疑也是巨大的。

在《好妈妈胜过好老师》这本书中，我并不是主角，而是最直接的受益者。书中妈妈所表达的思想，浓缩了平日里她对每件小事的思考。这也是她这么多年来读书、学习所得到的收获。虽然我平时很少表达，但是可以说我从小就对妈妈的才华与思想非常尊敬，或者说欣赏。

在我少年时期，很多人觉得我比同龄人成熟，我相信这很大程度上得益于父母平时不把我当成不懂事的孩子，他们像尊重一个成年人一样尊重我的每个想法，愿意真诚地倾听我的心声，我有什么想法也总是愿意向他们表达。

从我很小的时候开始，妈妈就注意培养我的阅读兴趣，不论是书籍的选择还是读后的交流，妈妈都给了我很多帮助，而这同时也让我们建立了朋友一般的感情。我们经常同时读一本书，然后交流感想，而那时我不过才上小学。这不仅让我产生了阅读兴趣，还让我感觉到和大人平等交流的乐趣。

随着环境的变化，周围优秀的人越多，我越发现自己有多么平凡。面对很多困难，我会觉得自己不如别人做得好。但是我总能保持良好的心态，不抱怨生活，不唉声叹气。而这种健康的心态就是我最大的财富。

所以在我看来，好的家庭教育也许并不能让人成为事事都能做好的天才，但是却必然培养出好心态。这种好心态能够让我在一生中处事更淡定、更自信、更积极，推动生活进入良性循环。

我非常高兴有很多人能看到《好妈妈胜过好老师》这本书。因为我自己就是最直接受到妈妈的思想熏陶的人，我能体会到这些思想是多么宝贵、多么令人受益匪浅。现在偶尔和妈妈交流一些想法，我还会有"听君一席话，胜读十年书"的感觉。

在钦佩之余我也会对自己近来读书太少产生惭愧之情。可以说妈妈是我的一个榜样，也是人生导师，更是一个珍贵的朋友。

妈妈这本书能够畅销，我并不惊讶。因为书中所写的一点一滴的思想，真的能让很多家庭受益。很多生活细节的处理对于家长来说是小事，但对孩子却会产生巨大的影响。

作为妈妈教育思想最直接的受益者，我很感谢父母给我带来的良好成长环境，也非常喜欢自己平凡却幸福的生活。

这篇文字是女儿圆圆在几年前应一家杂志的邀请写下的，也就是从这篇文字中，我第一次知道她怎么看待我、怎么看待我的书。

我曾不止一次地遇到记者提问，你女儿是不是很崇拜你？我总是笑着说，恰恰相反，我没听到过一句她的崇拜，倒是经常听到她的吐槽，记者们总是会大吃一惊。

我说的是真的，平时我们之间的交流非常随性，彼此像好姐妹一样，开玩笑，打闹，甚至吵架。我们似乎都羞于表达深情，也很少表达这些较为深层次的感受。所以，在这里看到孩子对我的评价和赞美，内心还是非常喜悦的。

把这篇文字收入书中，是因为我非常看重孩子的看法，同时也想用这样的方式向女儿表示感谢，感谢可爱的圆圆今生选择做我的孩子，我爱你。

目 录
contents

人是很容易受到暗示的。如果一个人总被别人暗示为品行端正、善良友爱，他就会在这种氛围里渐渐生发出自我肯定的意识，他的品行就会朝着健康的方向发展；如果一个人总被暗示为品行有问题，他就会在这方面不断地进行自我负面强化，失去自信，最后真的变得品行不端。

第二章 幸福的家就是五星级宾馆 *75*

上帝答应给亚伯拉罕及其后裔的土地（土地常常是母爱的一种象征）被描写为"到处都流动着奶和蜜"。奶是爱的第一方面的象征，是关心和肯定的象征；蜜则象征着生命的甜蜜、生活的幸福和对生命的热爱。

第三章 做"听话"的父母 *109*

多年来人们习惯于要求孩子"听话"，这仿佛是为了孩子好，但深入分析，就可看到这是成人与孩子间的不平等。一个没有机会进行自我掌控的孩子，不可能学会自我控制。

第四章　比黄金珍贵的四个字　173

一个孩子在未来生活中的踏实度，取决于他成长中多大程度上受到"实事求是"这四个字的影响，取决于他长大成人后的思维方式与这四个字有多接近。

第五章 "儿童多动症"是个谎言 *197*

> 谈"儿童多动症"像在谈医疗，实际上仍然是在谈教育，谈当代一个非常大的儿童教育陷阱：教育问题被当作医疗问题来对待。

第一章

潜台词是重要的台词

人是很容易受到暗示的。如果一个人总被别人暗示为品行端正、善良友爱，他就会在这种氛围里渐渐生发出自我肯定的意识，他的品行就会朝着健康的方向发展；如果一个人总被暗示为品行有问题，他就会在这方面不断地进行自我负面强化，失去自信，最后真的变得品行不端。

长大要和马晓飞结婚

人是很容易受到暗示的。如果一个人总被别人暗示为品行端正、善良友爱，他就会在这种氛围里渐渐生发出自我肯定的意识，他的品行就会朝着健康的方向发展；如果一个人总被暗示为品行有问题，他就会在这方面不断地进行自我负面强化，失去自信，最后真的变得品行不端。

圆圆上幼儿园时，班里有个小男孩叫马晓飞，他们俩很合得来，经常在一起玩。有一天我去接她，回家的路上，她兴冲冲地对我说："妈妈，我最喜欢和马晓飞一起玩啦，我长大要和马晓飞结婚！"我笑笑，说好。她看我同意了，很高兴，转而又有些担心："不知道我爸爸同意不。"我说那你就问问他。

她回家后本来还着急等爸爸下班回来问这件"终身大事"，结果玩得忘了，直到几天后爸爸去接她，回家的路上才又想起来。她爸爸当时也非常痛快地说"好"，同意了。圆圆一进门，就迫不及待地告诉我："妈妈，我爸爸也同意我长大后和马晓飞结婚呢！"我愉快地说："是吗？那太好了！"

圆圆这时又有些担心："要是我们上学了，不在一个学校，以后不认识了，那怎么办呢？"听她这样说，我和她爸爸也做出发愁的样子说："是啊，这该怎么办呢？那你好好想想办法。"圆圆想了一会儿，忽然有主意了："对了，我长大了，碰见一个男孩子，就问他，你是不是叫马晓飞，那不就知道了嘛！"我们一听，也高兴了，是啊，这不就知道他是不是马晓飞了嘛。原来这么简单！

这个难题解决了，我们一家人轻轻松松地开始吃饭。

后来我听幼儿园老师说，圆圆和马晓飞这两个孩子都性格温和，从来不打人骂人，也不和小朋友抢东西，都很喜欢讲故事，两人在一起玩从来不闹意见。看来幼儿园也有"合得来"这回事。

到上了小学，这个小男孩和圆圆在一所学校，不在一个班。小学生的特点是男女生之间缺少真正的兴趣，一般是男生和男生玩、女生和女生玩。圆圆有几位非常要好的同学，几个小姑娘只要有空就在一起。我和她爸爸有一次想起马晓飞来，开玩笑地问她，现在还和马晓飞玩吗？长大还要不要和马晓飞结婚了？圆圆说他是男孩子，不喜欢和他玩，不在一个班，也见不到。我们逗她："那你不担心长大了不认识他？"她说不担心。看来她已经"变心"，从那以后就真把马晓飞丢后脑勺去了。

她上中学后，进入心理学上的"青春期"，这个时候我们作为家长才真正开始观察她对异性交往的态度了。圆圆也会对我讲一些学校里男生和女生互相讨好的事，比如一个家里很有钱的男孩子对她班里一个女孩子说："你要是和我好，我就给你买六万元的珠宝。"我们听了，并不贬损这些事，只是笑笑，说这小男孩幼稚得可爱。

我家里也不时地会有男生打电话过来，我们接到这样的电话时，就像接到她的女同学打给她的电话一样，很自然地喊她来接电话，然后我们避开，让她能方便地通话。

有一次我还在她的书桌下捡到一张纸，可能是她上课时和另外一个女孩子的笔谈，两人热烈地讨论着班里的几个男生，能看出她们对一些男生是有朦胧的好感的。我笑笑，把这张纸收藏起来，准备将来圆圆长大了还给她。

每个父母都是从青春期走过来的，回忆一下我们的少男少女时代，就该知道中学生这种情愫的萌发是多么正常。所以在孩子情感发育时，我们为什么不给予更多的理解？

圆圆偶尔接到某个男同学的电话，会聊很长时间，放下电话时她会有些不自在。我就选个合适的时间和场合，假装无意中把话题引到这上面，对圆圆说："男孩女孩进入青春期后对异性产生好感，有和异性接触的愿望，这是正常的，也是非常美好的；如果没有，倒可能不正常。"

我这样说的目的是消除她心中的不安，让她知道原来自己对异性有好感，或别人对自己有好感，都是健康正常的。

不安和自责，是每个孩子在青春期对异性产生好感时都会有的，发展得严重了甚至是一种负罪感。这种感觉不仅不会使少男少女对异性的兴趣降低，反而会刺激兴趣增长。孩子在家长和学校的压力下，觉得喜欢异性是不洁的、不道德的，他们就会表面上任性行事，不听家长的话，内心却彷徨迷失，自我鄙视。

只有孩子自尊自爱，在青春期和异性交往时觉得坦然、正常，才能产生自信和理性，才能做得端庄自在。

我认识一位家长，她的女儿读初中二年级，长得很秀气，学习一直不错，她特别怕女儿早恋，影响学业，孩子一上初中就对其进行严密的监视。家里只要有男生打来电话，她就一定要过问。孩子放学回家稍晚，她就问个不停，还要给老师打电话核实孩子说的是不是事实。她女儿因此和她的关系弄得很僵。

这位家长为了控制孩子的行踪，给孩子买了个手机，结果她有一次偷偷查女儿手机，发现她和几个男生称兄道弟的，大怒，没收了手机。女儿却有办法，第二天把同学的一部手机借回来用。她再把借的手机没收，孩子就放学后用一个陌生的手机给她发个短信说自己很生气，晚上不回家了，然后那个手机就一直关机。她找不着孩子，一晚上急得要死。第二天一大早就赶到女儿学校，在大门口等到背着书包来上学的女儿，却没问出孩子一晚上去哪里了。这位妈妈一怒之下找到班主任，把女儿一夜未回家的事对班主任说了。班主任又跑去对教导主任讲了，教导主任马上召开年级班主任会议，宣布本校一名初二女生在外面过夜，要求各班加强对学生的教育。

后来经过"审讯"和调查得知，这个小女孩就是赌气到网吧玩了一晚上，想吓妈妈一跳，什么事情也没有。可是孩子第二天到校后，一切都变了，所有的人都在用异样的眼光看她，好像她这一晚上干什么去了。她妈妈有些后悔把事情闹大了，但影响已不可挽回。迫于压力，孩子最后不得不转学。

到新学校后，妈妈提出要求，不许和男生来往。但由于女孩到新学校后，很难一下融入新的同学圈子，没有朋友，成绩也一落千丈；正好有个高年级男生来和她搭讪，她就真的和这个男生"谈恋爱"了，最后闹到要离家出走。到这个时候，做母亲的才终于发现，自己除了伤心失望外，已经是黔驴技穷了。

从这个案例中我们可以看到，在"早恋"等儿童问题上，家长实际有两种功能：一种是疏导平息，一种是刺激强化。所有的家长都希望达到第一种效果，但遗憾的是现实中许多家长都把它做成了第二种结果。他们想阻止孩子早恋，却用错误的方法推了孩子一把，使孩子不由自主地掉入旋涡中。

"动摇孩子意志最有效的方法是唤起他的有罪意识"[1]，家长在这里最大的过错就是用成人庸俗的观念，把孩子们一些原本正常的行为恶俗化了，人为地制造孩子的罪恶感，客观上把孩子推到了不可自拔的境地。

我曾收到一位妈妈发来的短信，说她正在上初三的女儿"有男朋友了"，问我该怎么办，我马上回电话，问"有了男朋友"是怎么回事。

原来，她女儿同年级另一班的一个男孩子下课经常喜欢来找她女儿说话，女儿过生日时，叫了几个同学到麦当劳，也叫了这个男孩子，男孩子也送她女儿一份礼物，他们有时还互相发短信。当妈的悄悄查了女儿的手机短信，和这个男孩之间发的短信较多，个别语句有些暧昧，似乎彼此有些好感。

我对这位妈妈说，在我们的话语中，"男朋友"是有特定含义的，就这些事，你怎么能把那个男孩子称为你女儿的"男朋友"呢。其实孩子们什么事也没有，是你用自己的理解给孩子们的交往定性了。

我当然也理解这位妈妈的担心，她怕如果不管的话，女儿和这个小男孩发展下去，真的会去"谈恋爱"，影响学习。我告诉她，要管，但不要瞎管，首先清除自己心里的世俗污垢，然后再来管孩子。

我给了些建议，这位妈妈按我的建议和女儿谈了一次话，取得了很好的效果。

她分三步这样和孩子谈的。

首先赞美孩子。她肯定地告诉女儿，在你这个年龄对异性产生好感这很正常，看来你心理发展和生理发育是同步的，很健康。另外，有男孩子喜欢你，说明你是个可爱的女孩；你对别的男孩有好感，说明你也是

---

1 [美]弗洛姆，《为自己的人》，孙依依译，生活·读书·新知三联书店，1988年11月第1版，149页。

个懂得欣赏他人的人。

接下来给出憧憬。妈妈说，初中生对异性产生好感，这才是刚刚开始，你作为一个可爱的女孩子，将来会遇到很多欣赏你的人，对他们我们都要心存感激；同时，你也会遇到许多值得我们欣赏的男孩子，他们每个人身上都有不同的优点，值得我们欣赏和学习。

最后表达看法。妈妈用一个成年人的理性分析说，一个人只有自身可爱，才值得别人去欣赏。如果一个同学学习不好，气质平平，能力一般，凭什么让别人欣赏他。对于中学生来说，最重要的是学习，气质与能力都是在学识的基础上产生的。只有好好学习，才能越来越可爱，得到别人的欣赏，同时自己也才能慢慢学会欣赏别人。

这位妈妈后来又给我打电话，说她这样和女儿谈过，孩子很高兴。从那以后，她女儿还不时地和妈妈说谁给她写字条或发短信了，她觉得谁不错等等。具体到那个小男孩，还有些交往，但一直很正常，和别的同学没什么两样。这位妈妈悟出的道理是：只要大人内心阳光，孩子内心也会很阳光。

其实，我在这篇文章中想说的，主要不是如何进行爱情教育，而是成人如何以干净的目光看待孩子，以健康的信念理解孩子。**不少孩子在品行方面出现偏差，重要原因之一就是他们不断地遭遇成人"垃圾思维"的侵害。**这些"垃圾思维"像一些企业单方面追求生产，任意排放的有毒气体和污水一样，慢慢地污染了孩子原本纯净的天空和大地，结果是破坏性完全抵消了它的生产性。不光在早恋方面，其他方面的思维垃圾也会让孩子发生变异。

比如一位家长，从孩子很小的时候，就针对孩子，把钱管得很紧，一直以来都像防小偷那样防着自己的儿子。在她的意识中，似乎孩子只要有机会，就一定会在钱上做手脚。她不仅把家里的钱放得很隐蔽，不让孩子知道；而且孩子上学后想买什么，她总是用怀疑的口气问："那东西是那么多钱吗？你可要说实话。"即使经她同意，孩子自己到她钱包里拿钱，她一定要说："来，妈妈看你多拿钱没有，不许偷偷多拿啊。"在她的不信任和严密监视下，她儿子形成了反监视的兴趣和能力。上初中后，这个小男孩就开始从家里偷钱。有一次和父亲一起去提款机上取钱，父亲输密码时，他竟然暗暗记下来，然后偷偷拿了家里的银行卡，一个月内分三次取了两千元，全部挥霍干净。每次偷钱事件发生后，家长除了把他暴打一顿，只能仰天长叹，怎么生了这么个不争气的儿子。做家长的实在想不明白，一直以来在金钱方面这样提防儿子做坏事，怕他变坏，他怎么就偏偏变得这么糟糕呢？

和上面事例形成对比的是另一位好友对我讲的一件事。

她上小学三年级的儿子因某种原因误过了学校的期中考试，为了让儿子补上这场考试，就到学校找来各科期中考试的卷子，回家让孩子按照学校考试的时间把卷子都做了。

她在把卷子交给孩子的一瞬间犹豫了一下，考虑是让孩子自己掐时间还是由她来监督；同时她还想到，要不要把孩子房间里的书本都收走，以防他偷看。她儿子平时学习成绩不太好，肯定会有一些内容不会做，那么他会不会偷偷去看书上的答案呢？

她想了一下，决定信任孩子，就告诉孩子说："你自己掐好时间，到点就不做了。"别的什么也没说，就关上门出来了。

让她高兴的是，这个小学三年级的孩子，他知道考试应该是什么样子，他完全按照学校考试的样子来管理自己，时间一到就不再做题了。而且他根本不知道有"作弊"这回事，他妈妈通过观察看出来，他在遇到不会做的题时，也绝对没有动过偷偷翻书的念头。她情不自禁地感叹道：原来孩子是这样纯洁！她庆幸自己在那一瞬间的选择，庆幸自己没有用潜台词告诉孩子这些糟糕的概念：考试是可以偷偷看书的，你是不值得信任的。

人是很容易受到暗示的。如果一个人总被别人暗示为品行端正、善良友爱，他就会在这种氛围里渐渐生发出自我肯定的意识，他的品行就会朝着健康的方向发展；如果一个人总被暗示为品行有问题，他就会在这方面不断地进行自我负面强化，失去自信，最后真的变得品行不端。

有人研究发现，甚至一个人的外貌在别人不断的暗示下，都会发生改变。相貌平平的人，在赞赏的目光下会变得越来越光彩照人；五官标致的人在不断的蔑视中，也会变得形容枯槁、萎靡呆板。家长用健康的心态对待孩子，才能让孩子身心健康地成长。

我曾看过一个寓言故事。苏东坡在跟佛印交谈时，问大师："你看我坐姿如何？"佛印说我看你的坐姿很像佛祖。苏东坡非常高兴。接下来他恶作剧般地一笑说，我看师父的坐姿倒像是一堆牛粪。佛印听罢既不生气也不反驳，只是微微一笑。苏东坡以为占了佛印的便宜，回到家里得意扬扬地把事情经过告诉了妹妹。苏小妹说："哥哥你输得实在是太惨了。佛印大师心中有如来，所以看你若佛祖；你心中只是一团牛粪，所以看别人也是一团牛粪。"

家长们千万不要怀揣牛粪去看孩子。如果你在言语间不停地给孩子消极暗示，不仅破坏孩子内心的纯洁，还真有可能扭曲他的品行。要知道，孩子可没有佛印大师的功力与淡定。

像牛顿一样

欣赏孩子不是只赞赏他的优点，更是如何看待他的缺点。
你看他总是用"像牛顿一样"的眼光，他就会真的越来越像
牛顿。

我们经常说圆圆"像牛顿一样"，这不是一句表扬，而是批评，批评
她在日常生活中由于不用心犯各种低级错误。

这句话来自圆圆小时候看过的一个故事：牛顿醉心于实验，有一次
一位朋友中午来看他，但就是等不到他，朋友和他开玩笑，把用人给他
准备的午饭都吃了，然后走了。待牛顿终于从实验室出来，走到餐桌旁，
看看桌上的空盘子，自言自语说"原来我已经吃过饭了"，然后离开饭桌，
又钻进实验室。

天才因为太痴心于某件事情，在生活中常常犯傻，做些令人发笑或
令人生气的事，流传下来成为励志故事。可现实生活中出现这类人和事，
却多半会被看作"不用心""不聪明"，引起人们的不屑或生气。这一点
尤其体现在儿童教育中。

绝大多数孩子在童年时代都会醉心于某件事。或是用全部心思思考

第一只小鸡是从哪里来的，以至于听不到妈妈三番五次叫吃饭的声音；或是玩得过分投入，忘了上厕所，尿了裤子；也可能读一本有趣的画册，忘记了写作业……一千个孩子会有一千件痴迷的事情，尽管这些事情在大人看来，是多么简单或毫无趣味；再加上孩子们的幼稚和缺乏生活经验，他们常常会做出一些令人啼笑皆非的事，甚至闯一些小祸。

大人用什么态度对待孩子的这些小"错"，这不是件小事，会对孩子产生深刻的影响。

我的一个朋友说到她未竟的文学梦时，讲到一些往事。她初中时特别痴迷看小说，而当时家里孩子多，她要帮父母干不少家务活。结果有几次因为看小说太投入，忘记干家务活或把家务活干砸了，父亲一发现就打骂她一顿，后来干脆禁绝她再看小说。近三十年过去了，她说起这事还是很难过，潸然泪下。

童年的烙印会影响一生，作为父母不能不小心地呵护好孩子。

我的女儿圆圆作为一个普通孩子，别人会犯的小错误她也经常犯。比如花好几百元买个电子词典，用了没几天就丢了，都不知道丢哪儿了；做炒鸡蛋，蛋皮磕开后，把蛋液直接打进垃圾桶，接下来考虑蛋壳该扔哪儿时，才发现搞错了；让她把剪子放回工具箱，她拿着剪子在家里绕一圈，返回来奇怪地问我给她剪子干吗。每当这个时候，我只能无可奈何地说她"像牛顿一样"。

她的"牛顿行为"还常常给我添乱。她初中时住校，一周回一趟家。开始一段时间，周末返校时总是有必需的东西忘了带，到学校后就给家里打电话，要求送一趟。她的学校离家远，我和她爸爸跑一趟就要花费半天时间，还得向单位请假。

每到这时候，我们心里也是很不情愿，但从没因为这个训过她，只是表示我们特别忙，这样浪费时间太可惜了——话说到这里就足够了，我们明白孩子在给我们打电话时，已经知道由于自己的疏忽给父母带来麻烦了，这种情况下父母就用不着再责备她。谁没小过，何况成年人也不能保证在每件事上都不出娄子，所以我有什么必要为孩子的无心之过而去训斥她呢。

虽然她每次返校时我和她爸爸都会有些担心她忘了什么，又要我们跑一趟，但我们不会帮她收拾东西，只叮嘱她一句：好好想想，把东西都带全了。这样坚持一段时间下来，她就很少丢三落四了，自己能把该带的东西都收拾妥当。我看她专门弄了个小本，把要做的事一样样记下来，临走前再翻一次，看看有没有什么事情没做。

人的不足有各种各样。在料理生活方面，圆圆不是个能力很强的人，这可能和我们的教育有关，应该是无意中包办了不少本该由她自己干的事；也可能和人的天性有关，每个人的能力和弱点不一定表现在哪方面。我们意识到了这些问题，一方面尽量接受，另一方面尽量帮助她克服。但这帮助不是热心地帮她干这干那。知道家长不可能帮她一辈子，我们的"帮助"就是让她尽量自己去做；我们要做的，主要是"有耐心"，允许她把事情做得一团糟。

如果生怕孩子有什么考虑不周，大人就全部替他考虑了，一点不落地盯着他，从眼前看是在帮他，但从长远来看，这是帮倒忙。凡事应该让孩子自己去考虑、去做，多犯一些错误，才能慢慢学会做得不错。

圆圆刚上高中时，早上总是走得着急，经常忘了拿钥匙或戴手表，弄得自己很不方便，我和她爸爸就经常提醒她"拿钥匙""戴手表"。这样过了一段时间，发现不是那回事儿。她一直依赖我们的提醒，自己不去想办法提醒自己。我让她回来锁好自行车后马上把钥匙装书包里，第二天只要背书包就肯定拿了钥匙，不要进门后随手丢在写字台上；手表也摘下来放在书包的小袋里。她嘴上答应着，但就是经常心不在焉，还是习惯把钥匙和手表随手扔写字台上。

又有一次她没拿钥匙，到学校无法锁自行车，恰被查到。不锁自行车属于违反校规的行为，要写检讨书，还影响班级的评优成绩。这让圆圆很难过，我没说"早提醒过你"之类的话，只是开一句玩笑，说她像牛顿一样，难免犯些小错误；并鼓励她按学校的规定，到公共教室打扫几次卫生，争取把班级扣掉的分给找回来。我还把她写得工工整整的"检讨书"用相机拍下来，逗她说从现在开始就给"牛顿博士"收集资料，等她将来成大名了，这就是经典故事。

我们这样的态度让圆圆变得愉快起来，不再为这件事沮丧。她后来通过在学校劳动很快把班级丢的分给找回来了，最重要的是从此后，她真的再没有忘记带自行车钥匙和手表。

我们的社会习俗是经常批评孩子，而我认为孩子并不需要"批评"，他们只需要被平和对待。

就像割伤了自然会感到疼一样，孩子犯了一些小错或闯了祸，不用你说，他也会感到不好意思，感到内疚和自卑。家长这时如果不顾及孩子的心理，再板起面孔说一些教训的话，说一些早已说过的提醒的话，只会让他觉得丢面子，觉得烦；孩子为了保护自己的面子，为了表达对你的批评的不满，可能会故意顶嘴或做出满不在乎的样子。

如果家长与孩子之间经常出现这样教训与反抗的态势，孩子就会渐渐地真的对自己的错误不在乎，对家长的话无动于衷。

许多人在平时也知道孩子有了过失要好好和他谈。但一遇到突如其来的事情时，经常条件反射地冲孩子发火，"我早就提醒过你了，你居然还……""你怎么那么不小心……"过火的教训话说过了，事后又后悔，可下次遇到同样的事，还是忍不住先发一通火。一些家长只好用"我脾气不好"来为自己开脱，来平衡自己。"脾气不好"在家长身上可能只是个小毛病，可它给孩子带来的却会是个大恶果。这会让孩子的"小毛病"变成一个痼疾，变得脾气暴躁、自卑固执，或是屡教不改、一错再错，本来可以从错误中得到的经验和教训就这样被父母的责骂给破坏得一干二净。

家长一定要从内心认识到儿童成长需要"试错"。孩子从生活中汲取的经验与教训，比你口头讲一百遍道理都印象深刻。"犯错误"是孩子成长中的必修课，只有修够一定"课时"，他才能学到经验，才能真正获得自我完善的能力。**家长要理解"过失"的价值，看到在孩子成长中，他的"过失"与"成就"具有同样的正面教育功能。**

至于偶尔的"过错"给孩子自己及家长带来的时间、经济等方面的损失，算作培养孩子成长必交的学费，可以换回他的成长、成才、成功。他拆坏了一辆新买的玩具汽车，可能就此激发了制造一架航天飞机的兴趣和潜能；今天炒煳一锅菜，明天就可能出个烹饪高手。建立正确的儿童观，用期许的眼光看孩子那些"闯祸"行为，就会感到它们是良机而不是坏事——这样的心境下，家长既不会有"火"，也不会启动"批评"的程序。

"像牛顿一样"既是家长如何理解孩子的一个问题，也是以什么方式批评教育孩子的问题。人们常说一个人会不会说话，不在于说什么，在于如何说。我们可以"批评"孩子，但一定要选择合适的方式批评，以保护孩子的自尊心、树立自信心、培养他们的能力为目的。凡对孩子自尊心、自信心和能力有损害的批评方式都是不好的，都是家长要彻底戒除的。

"像牛顿一样"的批评方式，把一件不好的事、本该生气的事化解为一句玩笑，既让孩子知道他哪里错了，又不损害他的自尊心，还暗含了对他的理解，甚至隐藏着对他某种才能的褒奖。这样的批评话，孩子比较爱听。

哪怕有的孩子永远在生活细节上不精明，永远有"像牛顿一样"的毛病，只要不是什么大事，请允许他有这些毛病。

想一下我们自己，同样也有很多弱点，会不时地犯些小错。比如我不止一次地犯可笑的错误，穿运动衣出去跑步，跑的过程中觉得运动裤有些别扭，回来才发现是前后穿反了；去商场退一件衣服，进了商场才发现衣服根本没带来……这些毛病像肤色一样，长在我身上，难以去掉。我的先生和女儿也各有各的"毛病"，发生了，我们笑笑，经常自嘲我们的那些低级错误为"像牛顿一样"。这在我的家里完全是件趣事，不会遭到蔑视或训斥。

有的孩子认真细致，有的孩子粗枝大叶；有的孩子心灵手巧，有的孩子笨手笨脚；有的孩子从小善于关注生活细节，表现得精明能干；也有的孩子喜欢默默思考，思想整天不知在哪里飞翔，样子宛若梦游……孩子的状态是很不一样的，我们应该允许这种差异存在。正是这种差异性构成了人的丰富性。

一些太求完美的父母特别注意孩子的每一个细节，当孩子犯了一些小错误，或在某方面表现出能力不济时，他们就忧心忡忡，就想立即帮助孩子改变——而他们选用的方法就是告诉孩子你应该如何如何，一旦孩子在后来又犯了同样的错误时，他们可能就会拉下脸来——这时，他们事实上已变成太苛刻的父母。

牛顿如果因为不注意生活细节而成天挨训，他还能是牛顿吗？爱迪生如果整天被苛责，他还能是爱迪生吗？

凡出于缺乏经验或心不在焉的过错，只要不涉及道德问题，都不必指责或发火，甚至不需要提出来，孩子自己会在这种过程中感受不便和损失，知道以后该如何做。只要孩子有自尊自爱的心态，有足够多的经历，该学会的他都能学会，该注意的他都会注意到。

退一步说，如果孩子的天性造就了他在某些方面就是低能，那么他也不会因为家长的教训或不断的提醒而有所改变；反而会因为你的不断唠叨，更降低这方面的能力，并同时增加自卑。

欣赏孩子不是只赞赏他的优点，更是如何看待他的缺点。你看他总是用"像牛顿一样"的眼光，他就会真的越来越像牛顿。

孩子天生不会说谎

只要没有诱因，孩子就没必要拿说谎来为难自己，孩子天
生不会说谎。

孩子天生是不会说谎的。

圆圆四岁时，我和她爸爸带着她在北京已漂了近两年。户口没着落，房子也没有，我们一家和另外一个姓高的朋友合租了一个有三间平房的小院，圆圆管那人叫高叔叔。高叔叔很喜欢圆圆，经常和她说话。当时我们想找个能解决户口和住房的地方安顿下来，正好烟台有两家设计院希望我先生去面谈，于是我们带着圆圆一起去烟台。临走前，因为考虑到能不能谈成还是个悬而未决的事，没必要向别人声张，所以先生在临走前一天遇到小高时，说我们准备回内蒙古老家去。

到烟台后，和一家招聘单位初步谈好条件，决定去那里，但先生需要留下试用一周。于是我带着圆圆先回北京。因为我考虑事情还是要等到先生在那里工作一周后才能最后确定，为稳妥起见，在回京的火车上对圆圆说："你回去见到高叔叔不要对他说我们来烟台了。"

圆圆懂事地点点头。

结果，我和她回到那个小院后，圆圆一看到小高，就赶快宣布："高叔叔，我不能告诉你我去哪里了。"小高说："你不是回内蒙古了吗？"圆圆说："不是，我妈妈不让我告诉你我去哪里了。"我不知该说什么了，只好把实话都讲出来。

我们到烟台后，单位很快把户口给办好，还给了我们一套三室的房子。漂泊几年后，来到这样一个美丽的海滨城市，有了这样一份安稳的生活，这让我们觉得非常幸福，心里很感谢招聘我们过来的院长，于是春节回老家时花二百元买了一对有蒙古特色的工艺小银碗，准备作为老家特产带回去向院长表示感谢。

我和先生从没给任何领导送过礼，这一次送这个小工艺品虽说只是出于感谢，但真拿着"礼物"带着圆圆往院长家走时，还是有些不好意思，似乎很害怕别人知道。圆圆不理解我们的心情，她来去都兴高采烈的，很为自己去给别人送了点什么而高兴。所以当我们回来走到楼下，看到和我们同住一个楼的她爸爸单位的同事时，她就兴冲冲地对那人说："熊伯伯，我们刚才去院长爷爷家，给院长爷爷送礼去了！"她爸爸尴尬得只有嘿嘿笑的份儿。

这些事现在看来只是笑话，很有趣，当时却弄得我们很不自在，有些下不了台。但我们没责怪孩子一句，也没有试图再说任何一点掩饰话来圆这个场。如果当时为了面子，当着孩子的面说些谎话，我们自己可能不尴尬了，却是教给孩子说假话。这样的事做来不合算。

我们一直注意培养圆圆诚实的品格，除非是极偶尔的情况下出于善意的需要，否则绝不教她说假话；同时我们也注意以身作则，自己首先做诚实的人。

"不说谎"是人生幸福的基本保障，一个假话连篇的人，无论以世俗的标准看有多么"成功"，他实质上也不是个幸福的人，因为他的道德一直悬空着。

小孩子都非常聪明，能很细腻地体察大人的反应。可能是那次"给院长爷爷送礼"让我们一瞬间脸上流露的窘迫太多，圆圆回家后似乎有一些不安，她觉得自己做错事了。我们立即安慰说："没事，原来只是觉得没必要说，你说了也没关系。"她爸爸更嘉奖似的抱起她说："爸爸就这么点秘密，全让你给抖搂出来了！"宛如她做了件有功的事。

我们都笑起来，圆圆一下子轻松了。

圆圆在一天天长大，越来越懂事，她以后肯定不会因为我们这样一种坦然的态度，就总去"抖搂爸爸的秘密"。有些东西随着年龄的增长自然能明白，什么该说什么不该说，她只要有健康的心理，就一定会把握好这个分寸。

如果说某个孩子有说谎的坏毛病，这一定是他的成长环境出了什么问题。

孩子说谎不外乎两个原因：一个是模仿大人，一个是迫于压力。每个孩子最初的谎言都是从这里来的。

首先是模仿大人。虽然没有一个家长故意去教孩子说假话，即使经常说谎的家长也并不喜欢自己的孩子说谎。但如果家长在和孩子相处中，为了哄孩子听话，经常用一些假话来骗他；或者是家长经常对别人说假话，不时地被孩子耳闻目睹，孩子就会慢慢学会说假话。还有一种情况，是家长出于成人社会里的某种掩饰需求，经常说些虚饰的话，虽说只是一种社会交往技巧，并无道德上的不妥，但如果被年龄尚小的孩子注意到，也会给孩子留下说假话的印象，教会他们说假话。

墨子就染丝这件事比喻教育上的影响："染于苍则苍，染于黄则黄，所入者变，其色亦变。故染不可不慎也。"所以如果孩子出现说谎的毛病，家长一定要首先进行自我反省。

造成孩子说谎的另一个原因就是"压力"，即家长比较严厉，对孩子的每一种过错都不轻易放过，都要批评指责，甚至打骂；或者是家长太强势，说一不二，不尊重孩子的想法，不体恤孩子的一些愿望。这些都会造成孩子的情绪经常性地紧张和不平衡，他们为了逃避处罚、达到愿望或取得平衡，就去说假话。

一位母亲为她孩子的说谎问题来向我咨询。她和她爱人都是博士，从她身上可以看出知识分子的良好修养，我想她孩子说谎应该不是从父母那里模仿的。

她的孩子是个女孩，当时读初二。我和这位母亲就从具体的事情上聊起。

她说："就拿最近的一次说吧。我花一千多元给我女儿买了一个彩屏电子词典，一再嘱咐她不要丢了，因为我这个孩子经常丢东西，她从小就有丢三落四的毛病，说过她多少次也改不了，她爸因为这事有一次惩罚她在房间里一动不动站了两个小时。她得到这个彩屏词典也非常喜欢，向我们保证说要认真保管，肯定丢不了。结果这么贵的词典用了一个多月就丢了，丢了她也不跟我说。我发现她词典不在了，问怎么回事，她说是借给同学了。我让她赶快要回来，结果好几天拿不回来。她开始几天总说那个同学忘了给她带来，追问了几天她说要回来了，但转手又借给了另一个同学。我有些怀疑，让她两天后必须拿回来。两天后她对我说要回来了，但放在教室里了。我不信，说要第二天亲自跟着她到教室看看，她到这个时候还装得很镇静。直到第二天早晨我真要跟着她去学校，她才哭了，说词典丢了，承认她这些天一直在骗我。"

这位母亲说，以前孩子说谎还有些不自在，现在那么多天编谎话骗家长，居然说得像真的，没事人似的。她不能理解自己那么用心教育孩子，孩子怎么能学会撒谎。她说她能原谅孩子丢东西，但不能原谅她说谎骗人。

　　我能理解这位妈妈的气愤，但这件事却让我听得内心隐隐作痛。这位妈妈只看到了孩子丢东西的过失和撒谎的过错，却没有细心体会孩子在那些日子内心所受的煎熬。

　　我对这位妈妈说：孩子在这件事情中的表现，应该不叫说谎，她只是想隐藏一件事。孩子丢了东西，根本不是你以为的没事人似的，她内心其实很痛苦。正常情况下，孩子应该寻求父母帮助解决，可你的孩子为什么不去寻求你们的帮助，宁可以拖延和撒谎来应付？这是因为她没有把父母当作不幸的分担者。孩子这样的反应肯定是出于经验，我可以猜测，在你们以前的生活中，一定是孩子一做错了事，总会遭到批评，是这样吗？

　　这位妈妈想了想，点点头说："我们对她要求是挺严的。"

　　我说，你们认为严格对孩子好，但孩子可不觉得好。她知道，这件事告诉了父母，不但词典不能找回来，还会挨一顿批评——她干吗要把一件坏事变成两件呢？所以她宁可选择隐瞒。

　　这位妈妈有些吃惊地说："这样分析是有些道理，不过我们从来不打不骂孩子，她做错了事，只是批评她几句，最多罚站一会儿。这有什么呀，哪个孩子不挨父母批评呢？再说，纸包不住火，靠说假话拖延那么些天有必要吗？"

　　这位妈妈不知道孩子其实十分好面子，大人以为无所谓的事，孩子往往会看得很严重。我们绝不能以我们的感觉来衡量孩子的压力。大人经常随口批评孩子几句，就像平常说话一样，可它们给孩子留下的，却是非常消极的情绪体验。尽管孩子也知道纸包不住火，事情用不了几天终会露馅，但为了逃避大人训斥，她就能拖几天算几天，这符合孩子的思维方式。

　　并非孩子在这个过程中不紧张，那几天其实她天天都生活在紧张之中。不管成年人还是孩子，为隐瞒一件事而不断撒谎，是很痛苦的，事实上没有人喜欢撒谎。孩子宁可承受拖延的痛苦，也不告诉家长——这其实是个信号，说明家长和孩子的相处出了问题，孩子在潜意识中已不信任家长，并且排斥家长。作为主动方和强势方的家长必须要进行反思，必须要改变自己了，否则以后可能会因此产生一系列的麻烦。

我把这些想法对家长讲了，她不住地点头。我能感觉到她是在真诚地反思自己。她有些为难地问我："那你说我以后该怎么办，孩子犯了错误难道我们装作没看见，就不说吗，那样能行吗？"

我说，这不是个装不装的问题，而是你如何理解孩子的问题。你们以前的失误就是容不得孩子有任何错误，所以批评一直贯穿在生活中，似乎家长不说，孩子就不懂得改变，不说就没有尽到做家长的责任。事实上，犯错误是儿童成长的必修课，家长要学会接纳孩子的错误，用不着一发现孩子哪里做得不好，就批评教育一顿。在让孩子认识错误并改正错误的过程中，"不说"往往是最好的"说"。孩子犯了错误心里已经很难过了，家长给予理解，倒往往比给予批评更能让孩子记住教训。即使说，也要采用不让孩子丢面子的说法。

博士点点头。我看她很愿意听，就继续说：就孩子经常丢东西这个坏毛病，既然已经说过许多遍，而且惩罚过，都没效果，说明这些方法都没用。如果再用下去，不但丢东西的问题解决不了，还让孩子多出了说谎的毛病。以后在这个问题上要用"办法"来帮助她，而不是用"批评"来教育她。

我给她举了自己的例子。比如我女儿圆圆有一次乘出租车把太阳帽摘下来放在旁边座位上，下车忘了拿；又过一段时间和我一起乘出租车，又差点因为同样的原因把新买的一件衣服丢在车上。我们就总结，以后乘出租车，绝不能把东西随手放在座位上，一定要拿在手里，不要嫌麻烦。如果拎了几个袋子，要放在下车的门口，这样就不会丢东西了。

帮助孩子想一些预防方案比批评有效得多。如果孩子真有一个毛病无法改变，只要问题不是太大，可以随他去。用"理解"和"办法"都解决不了的毛病，用"批评"一般来说也解决不了。爱一个人不也包含着对他缺点的接纳吗？

这位博士妈妈是个特别善于学习的人，她是我遇到的最能诚恳地探讨并进行反思的家长。我们这次谈话后，她又和我通过几次电话，她对于"不让孩子丢面子"这一点领悟得非常好，夫妻俩在处理方式上想了很多办法，完全不和孩子冲突了。她说孩子不仅不再"说谎"，而且性情平稳了许多，学习成绩也有明显进步。我仅从她的语气中，就能听出她一家人转变后的轻松。

很多人习惯把儿童的品行问题归咎于孩子自身，所以习惯指责孩子；可我从自己及他人的经历中真切地看到，孩子的品行习惯是如此依赖家长的教育方式。所以家长在思考改变孩子的问题时，切入点永远应该是如何改变自己的教育方式。哪怕你认为孩子的毛病就是来自孩子自己，你也有责任通过改变你自己唤起孩子的改变。不这样思考，你就永远找不到改变孩子的路径。

2007 年 7 月 30 日，我在北京电视台看到一期叫"作业／谎言"的节目，一个女孩不爱写作业，经常因为写作业说谎，父母又打又骂都不管用，全家人来节目现场，求助专家帮忙解决。通过他们的叙述可以看出来，问题的核心是父母不当的教育方法导致孩子厌学，并由于害怕受到惩罚而说谎。所以改变孩子的根本，在于父母教养态度的转变。

但被邀请来的一位"心理专家"却把重点放在教育孩子上，对孩子大谈一通"聪明与智慧"的辩证，最后只对家长轻描淡写地说一句"你们也有一些过错"，根本没认真提醒家长反思自己。

专家的话听起来没什么错，却等于什么也没说出来。大道理谁都会讲，可小小的孩子，她哪里能每天面对让她烦恼的作业时，通过思考"聪明与智慧"而获得写作业的动力？

节目结束前，在主持人的努力下，孩子当场保证说以后要好好写作业，再也不说谎了。看得出，孩子之所以说出那样的"保证"，显然是由于节目现场气氛的胁迫，还有对成人的畏惧，以及对自己"变好"的渴望。

孩子下保证的时候，我相信她是认真的；但我也相信，做完节目回到家中，只要日常包围她的"教育生态环境"不改变——主要是父母的态度不改变——她就不会改变，很快又会回到原状。事实是，可怜的孩子不由自主地在节目现场又说了一个大大的"谎言"。

可以推测这个女孩说谎的成因——最初因为没好好写作业，父母就提出批评，并要求她做出保证，于是孩子许下一个好好写作业的诺言。可儿童往往对自己履行承诺的能力没有估计，她只是迫于家长的压力去承诺，既缺少践约的理性，也缺少践约的兴趣。如果这个时候家长缺少细致入微的体贴和恰到好处的推动，结果只能是孩子食言，因为有太多的原因会导致她完不成诺言。

孩子的每一次食言都会引起大人的不满，家长批评她说话不算数，并流露出不满，甚至是鄙视。孩子自己也会因此瞧不上自己。她慢慢失去自信，也失去自尊，对他人的要求和自己说过的话越来越满不在乎了，为了逃避处罚，可以随时拿出假话进行抵挡——她不但学习没搞好，还发展出说谎的坏毛病，脸皮也越来越厚了。

说谎和厚脸皮往往联系着，苏霍姆林斯基说过："不知羞耻是由不肯履行自己的诺言产生出来的。"[1] 说谎的次数多了，他自己都辨不清楚哪句

1　[苏]苏霍姆林斯基，《给教师的建议》，杜殿坤编译，教育科学出版社，1984年6月第2版，359页。

是真哪句是假，一个人的道德也随之开始堕落了。

当一个孩子养成说谎的习惯后，他会因为各种各样的原因去说谎。

我有一次听到一位高中生的家长说他的孩子总说谎，比如本来有足够的零花钱，但为了在同学面前摆谱或乱消费，就经常编各种谎话来骗父亲的钱，或者是直接从抽屉里偷钱。父亲认为这是孩子天生带来的贪欲，哀叹自己命苦落这么个儿子。这个父亲的苦恼我能理解，但他这是在乱归因，把结果当原因来理解了。他儿子之所以把说谎骗人看成平常事，在他前面的成长中，一定有一系列的事件损害了他的道德，而不是"对钱的需求"本身让他这样。

所以，**在解决儿童说谎问题上，家长一定要体察孩子为什么说谎，不要孤立地看一件事，要看到事情的来龙去脉，看到背后隐藏的症结。从症结入手，才能从根本上解决问题。**只要没有诱因，孩子就没必要拿说谎来为难自己，孩子天生不会说谎。

只设记功簿，不设记过簿

设立"记功簿"是个较好的办法，我们从没用钱奖励过孩子，来自父母的奖励就是这个小本中的一朵朵小红花，它无法用金钱计算价值，却无比珍贵，协助我们培养了孩子许多好品德。

从圆圆四岁起，我给她弄了一个小本，专门记她做的好事。小本不大，每页只记一件事，所记事情都很简单，基本只有几个字，例如"自己收玩具""扔垃圾""自己编故事""晚上独自去厨房开灯拿牙签""学会认钟表"，等等，每页都用红笔画一朵小红花——这就是给她的奖励。我们把小本叫作"记功簿"。

圆圆喜欢我给她"记功"，每次都非常高兴，隔一段时间就会去数数自己得了多少朵小红花。

这个方法对孩子的成长很有好处。一是孩子受到表扬，很有荣耀感；二是小本中记的事对她有提醒作用，让她以后不要忘了再做这些好事；三是凡写在这个小本上的字，圆圆都能记住，她经常在数小红花时顺便读一下自己的先进事迹，也认了不少字。

到她上小学后，学校老师经常依成绩或遵守纪律等奖小红花，就是在一个小纸片上盖一个小红花印章，攒够十个小红花就可以换一个"大笑脸"。教室后面有个"光荣栏"，谁的名字下贴的"大笑脸"多，就说明谁做得好。圆圆在整个小学期间，一直榜上有名，且"大笑脸"数总是位居前一二名。我们心里肯定高兴，但从不去渲染这件事，就感觉这是常态，知道就行，没什么值得骄傲。这样做，是担心她在和同学们的比较中会有优越感，怕她学会刻意去追求"大笑脸"，从而失去行为的自然与和谐。

与此同时，家里的"记功簿"还一直在增加内容，但没有一次是记录她考试成绩好。我一直认为小学期间最重要的是保护孩子对学习的兴趣。对考试分数的过分关注，对排名斤斤计较，其实都是对学习兴趣的消解。当孩子被大人引导着去关心分数、关心排名时，他就不会对学习本身有兴趣了。学校方面对成绩已有足够的渲染，如果家长再推波助澜，非但对孩子将来的学习没有促进，反而起了反作用。

所以上小学期间记功簿上的内容无非还是些鸡毛蒜皮的小事，比如"帮妈妈洗碗，洗得干净""二胡拉得好""学会了切土豆"等。到学期末，也记一下她总共在本学期得了些什么奖，这主要是作为备忘。此外还记一些她写的"诗"，很幼稚但有童心在里面。

她十岁上初一，住校，一周回一次家，开始不习惯，想家想得哭。她第二周回来说这周没哭，我就赶快给她记下"住校第二周就不哭了"。这一时期的"功绩"基本和她住校生活有关："被子叠得整齐，受到老师表扬""自己洗衣服，洗得干净"等。这些是她成长中外在的一些进步，同时也记下了她内在的进步和成长。有一次她和我因为一点什么事发生争执，辩论中我们情绪都有些不快。但她不是偏激地维护自己的观点，而是能一边辩论一边思考，一旦认识到妈妈说得有道理，就停止辩驳，然后和妈妈一起理清思维。这是她的成熟，也是一种美德。所以我把这件事也记到小本上，并奖一朵小红花。这让圆圆进一步明确，辩论是为了明辨是非，而不是为了驳倒对方。

随着青春期的到来，孩子越来越有主见有个性，她很快成熟起来，画小红花的奖励显得有些小儿科了。最主要的是，圆圆个性、思想、学习等方面表现出稳定的良好状态，我们更注重的是和她的交流沟通。所以她上初中二年级以后，这件事很自然地停下来了。

现在圆圆上大学了，"记功簿"已成为我家的一件"文物"，成为她幸福成长的见证。我感觉，设立"记功簿"是个较好的办法，我们从没用钱奖励过圆圆，来自父母的奖励就是这个小本中的一朵朵小红花，它无法用金钱计算价值，却无比珍贵，协助我们培养了孩子许多好品质。

儿童和成人一样，都喜欢受到肯定，受到激励。在肯定和激励的环境中，他们才更容易自信，更容易进步。许多家长的错误就在于总喜欢用物质的东西奖励孩子，这说明他们并不了解孩子——对于今天并没有物质短缺体验的孩子，物质奖励作用不大，可能带来一时的满足，但不会持久；只有精神上的愉悦和成就感，才可以带来真正的幸福感和动力。

我把这个方法对一些家长讲了，有的人甚至说："这是因为你的孩子从小表现得好。我的孩子每天让我头疼死了，哪里有什么值得记录的好事。"

这种想法真是错误。

其实每个儿童的优点都一样多，他们的特点往往就是他们的优点。这些优点是埋藏在儿童心中的种子，需要合适的时候给予适当的栽培、适当的滋润，才能萌芽、生根、开花、结果。可惜的是不少家长太擅长发现孩子的缺点，对孩子的优点却感觉迟钝，整天对孩子充满了批评和指令。孩子心中原本可以成长起来的优点种子，总是受到冰雹和风霜的打击，不能很好地成长，直至枯萎或死亡——这就是为什么许多孩子到最后真的是满身缺点，很难找到优点了。

有句名言说：世界上不缺少美，缺少的是发现美的眼睛。家长们哪怕没有时间在实物上设一个记录本，至少要在心里设一个这样的"记功簿"。心里有没有这样一个本子，你的目光和言语会流露出来，孩子完全能感受到。你给他记录的"功绩"越多，你就给了他越多的快乐与自信，这会让他变得越来越好。

有的家长在孩子的优缺点问题上，好的方面会表扬，坏的方面也会及时指出。这从道理上讲是没错的，但如果操作方式不当，也可能会出现一些问题。

下面是我遇到的一个例子，比较典型。

这件事还得从圆圆说起。圆圆初中时，我有一次给她讲我们小时候的事，提到在我的老家，人们挖苦那些自以为做出成就的人时，就会说"给你到尿盆底上记一功"。圆圆觉得这句话很好玩，想象那情景非常有趣，我们就商量说"记功簿"已基本上停了，以后把功劳就记尿盆底上吧。我找张纸，圆圆在上面大大地画个尿盆图案，又写上"记功簿"三个字，我在上面写了她最近做的几件"有功之事"。

这件事与其说是为了激励，不如说是我们的一场娱乐。因为圆圆一直不缺少鼓励，她也比较成熟了。所以在这"尿盆"上总共也就记了五六条，以后就懒得再记了。

这张纸在墙上贴了好长时间，被我的一位好友看到了，她当时正为自己女儿的教育问题烦恼着。我顺势给她讲了设"记功簿"的好处。她觉得这方法很新鲜，很好，说也要回家弄张纸贴墙上，激励她十岁的女儿。

后来有一天我到她家，看到她果然做了，但在操作上却有一些问题。

这张纸被分成左右两栏，一边写优点，一边写缺点。家长是用心良苦的，既要让孩子知道自己的优点，又要让孩子记住自己的缺点。但这样做显然不合适。

因为设立"记功簿"是为了达到催化作用，使孩子从偶尔的良好表现中获得自信和快乐，使这偶然行为最后成为孩子的一种稳定行为。同理，把孩子缺点也白纸黑字地写出来贴到墙上，不断地提示，也可以使这些行为稳定下来——本来想抛弃的坏东西，在这种刺激下很容易让孩子给自己定性，以为那些坏习惯是自己必然的行为。最后结果是，优点会巩固成为真正的优点；缺点也会巩固下来，成为总也改不掉的缺点。

教育全在细节中，真是失之毫厘，谬以千里啊。

儿童的反思意识和控制能力都还没有形成，他们更容易受到暗示和兴趣的支配。成人以为把孩子的缺点写出来，张贴在眼前，孩子就会经常自我提醒，理性地纠正自己的错误。这种想法是太不了解儿童的特点了。而且，凡是来她家的人都会看到这张纸，这么多缺点挂在墙上，也会伤害孩子的自尊心。

所以我提醒这位朋友，何必把孩子不想示人的一面钉到墙上。纸上只写优点不写缺点，只记"功"不记"过"，效果会更好。

她担心地问我，孩子有很多坏毛病想让她改，那怎么办，难道这样写下来给她提个醒不好吗？我说，当然可以提醒，但要换种说法，要把孩子所有的"过"变成"功"来说，即首先从家长的意识中就要"只设记功簿，不设记过簿"。

比如孩子不好好练琴，总要家长提醒才去练，不可以记下"练琴不自觉"，而要看到孩子至少天天去练了，就记下"能坚持每天练琴"。接下来她还是偷懒，不想练够一个小时，不可以记下"没弹够一小时"，而要记下"虽然只练了四十分钟，但弹得很有进步"。她发现弹四十分钟你也接受了，接下来一段时间就每天只弹四十分钟。可以先回避时间问题，记下"练琴很认真，水平在慢慢提高"——就是说，从孩子的不是中，总能找到值得表扬的地方，总给孩子良性暗示和正面刺激。这样下来，孩子慢慢地就会获得成就感，把为时间而练琴，改成为技能而练。当她不再和家长对抗，心里真正想要练好一首曲子时，她是不在乎多弹一会儿少弹一会儿的，而且认真练半个小时的成绩会好于磨洋工的一个小时。

我的好友还是有些担心，问我，孩子的缺点就不要指出来吗？不指出来，她的缺点总也改不了，可能会越来越严重，那怎么办呢？

我说，一些家长之所以经常批评教育孩子，就是因为有一个根深蒂固的错误假设，即如果自己不说，不经常提醒，孩子就不会改正缺点，就会越来越堕落。事实是，每个孩子都是有自尊心的，上进是他的天性，只要不被扭曲，就一定会正常生长。对于孩子身上的某个缺点，可以适当提醒，一旦发现这个缺点反复出现时，就应该考虑用正面鼓励的方式，不动声色地去帮助孩子克服，而不要反复地直接地批评，不要说"我都给你说过多少遍了，你就是不改"之类的话。反复的批评就如同贴到墙上的"记过簿"，会把孩子的缺点固化下来，使孩子难以和那个缺点剥离开来。

为了让我的这位好友更明白，我又给了她一些建议。

假如你的孩子每天早晨上学时磨磨蹭蹭的，总得你催促着穿衣吃饭拿书包，得你拖着往外跑才能不迟到，那么纵使你把"快点，不要磨蹭"这句话说一万遍，就这个缺点批评孩子一万遍，也解决不了问题。你不断地重复只是让孩子稳定地形成这样一个坏毛病。如果你换个方法，则问题可得到根本的改善。你可以郑重友好地跟孩子谈一次话，告诉她从明天开始，早晨自己掌握上学时间。然后从第二天开始，你真的能做到不催促。你只是完成你自己该做的事，如准备好早饭，或把自己收拾停当，准备去送孩子。至于孩子，她的时间自己安排，你心平气和地等她磨蹭。

孩子第一天不适应，可能磨蹭得迟到一小时，路上急得都哭了，和你发脾气，怪你不提醒她。这时，你就表扬孩子说："妈妈发现你真是个好孩子，有上进心，不愿意迟到。今天是第一天自己安排时间，还不习惯；以后肯定会安排得越来越好。"注意，你说这话时，要拿出诚意，不要口是心非。只要家长能真心诚意地坚持下去，在这个过程中不发火，不指责，不包办，坚持让孩子自己管理自己，经常给孩子"记功"，在孩子出现反复时，仍然能从她的消极表现中找出积极的地方，给予真诚的表扬，那么，孩子的自觉管理意识一定能形成，磨蹭的毛病一定能改掉。

无论是以实物形式还是在自己的内心，父母都要为孩子设立一个小本子。只设"记功簿"，不设"记过簿"。珍惜孩子的荣誉感，避免惩罚性记录。儿童没有过错，只有不成熟，而不成熟才意味着有生长空间和成长可能。家长应真正从内心欣赏孩子的不成熟，从不成熟中看到美。这样你才容易打开"记功簿"，而不是一看到孩子的失误，就不由自主地翻开"记过簿"。

做家长的素养和理性就表现在，每当你准备采用什么方法教育孩子，都要就你所采取的手段思考一下：你想强化的到底是什么，你采取的方法是孩子喜欢的还是反感的，它对儿童的影响是正面的还是负面的，是激励的还是消极的，是眼前的还是长远的，是高尚的还是庸俗的？不思考这些，只是凭情绪和习惯做事，不但达不到目的，更可能从根本上破坏目的。

不纠错，不批评

孩子多么脆弱，成年人的"纠错"原来可以粗暴地伤害一个幼儿的自尊和自信。

在我二十岁那年，有一次去一个亲戚家玩。亲戚家有个还不到三岁的儿子，非常聪明，嘴巴也很巧，已通过听录音带会复述很多童话故事，亲戚为此很自豪，让孩子给我讲一个，孩子也非常乐意在我面前一展身手。

但孩子毕竟只有三岁，所以在很多地方词不达意，或情节上前后颠倒。我一边听一边纠正，告诉孩子这里讲得不对，那里用词错了。孩子听我这样说，就努力去修正自己的讲述，讲着讲着，突然大哭起来。我在一瞬间莫名其妙，不知发生了什么事，以为孩子被什么东西扎着了，忙着去查看，孩子妈妈也赶快跑过来问孩子怎么了。

孩子哭得上气不接下气，情绪激动，在他断断续续的表达中我终于听出来，是我的"纠错"一再地打断和否定他的讲述，让他愤怒而委屈。这是我第一次直观地感知到，孩子多么脆弱，成年人的"纠错"原来可以粗暴地伤害一个幼儿的自尊和自信。

这件事让我后悔不已，印象深刻。

到我亲自抚养一个孩子时，更能从女儿圆圆的每一种反应里，体悟到成年人对儿童的体谅之心是多么有必要。所以我在和孩子的相处中，有意识地约束自己的"纠错"冲动，尽量弃绝"批评"，在一切事情上都表现出对孩子的"纵容"。

我和先生几乎不会因为女儿圆圆做错什么事而批评她。她打了碗、洒了水、往墙上乱画等等，所有这些小事在我们看来都正常。遇到这些事情，我们甚至不会表现出吃惊，却是常常开个玩笑，化解孩子的尴尬。

比如圆圆大约两岁就不再尿床了，但在她四岁时，有一次因为白天玩得太累，当晚喝水又多，在我们的大床上前半夜尿一泡，后半夜又尿一泡，弄得我和她爸爸都没地方睡了，我们只好到沙发上坐到天亮。到早上她醒来，我们忍俊不禁地说到这事，觉得她实在是可爱又好玩儿。

我们不但丝毫没有责怪孩子的意思，而且一定是口气中充满着喜悦，以至于当时正在我家借宿的一个亲戚说："听你们这口气，好像圆圆不但没做错事，还做了什么好事了。"

尿床确实不是错事，而我们这样的"纵容"也没有让圆圆再接再厉地尿床，在我的记忆中，那大概是她最后一次尿床。

圆圆五六岁时，我们带她回内蒙古她奶奶家过春节。奶奶家住在牧区，没有自来水，院子里有口水井，日常用水就是从这口水井中打出来，提回家里，倒进厨房的大水缸中。水缸旁边放个长把小瓢，专门用来舀水。圆圆刚回去时，要洗手，脸盆里没有水，她不懂得用小瓢舀水，居然拿着脸盆直接伸进水缸里舀。脸盆外面可能较长时间没擦洗，有点脏，她这一舀，被奶奶看见了，下意识地惊呼一声，圆圆瞬间有些害怕和不知所措。

见孩子这样，我赶快笑笑说，哦，只会拧水龙头接水的小朋友，还不知道怎么从大水缸里取水呢。我化解了奶奶的惊叫带给圆圆的不知所措，然后告诉圆圆那个小瓢是干什么用的，并顺道给圆圆讲我们小时候都是用这种大水缸，长大后第一次见到自来水从水龙头中流出来，是多么好奇。圆圆在和我的交谈中，忘记了刚才闯的祸，马上就喜欢上了那把小瓢，用它舀着水，自己洗了手，然后又给院里鸡、羊、猪、牛各自的饮水池里加了水。她爸爸把大水缸中的水彻底换了一次，一桶又一桶地从外面往屋里提水时，表现得兴高采烈的，那神情就像重回少年时的球场打球一样愉悦，丝毫不让圆圆感觉难堪。

除了在这些小事上我们不会对孩子大惊小怪，在"大事"上她"犯错"了，我们也是同样的态度。

圆圆在上幼儿园小班时，班里有几个孩子是全托，晚上也住在幼儿园，家长一周来接一次。我不赞成把孩子全托，再忙再累也天天把孩子接回家。但有一天，圆圆突然对我说她想上全托。我有些奇怪，并未深究，只是对她说全托不好，还是每天回家吧。过了几天，圆圆又一次跟我提出来想上全托，我就同意了。

给她买了寄宿需要的全套用品，如洗脸盆、床单、被罩等。交了两个月的全托管理费，圆圆很兴奋地开始了她的"新生活"，这是她第一次长时间离开我，足足三天。三天后就是周末，我去接她，圆圆看起来挺开心，似乎没什么问题。但到了周日下午时，她突然对我说，妈妈，你把幼儿园的洗脸盆拿回来吧。我问为什么，她说，放在幼儿园不好。我问为什么不好，她有些羞涩地滚在我怀里，一边给手中的布娃娃梳理头发一边撒娇："妈妈去幼儿园把脸盆拿回来，床单、牙刷、牙膏都拿回来。"

我笑了，明白了这个小家伙的鬼主意，于是赶快给她台阶下，问她，宝宝是不是不想上全托了？圆圆看我把窗户纸捅破了，又高兴又有些不好意思地点点头。

只上了三天全托就反悔了，不用问我也知道是什么原因。不想让孩子为难，我就痛痛快快地说：好，不想全托咱们就还是日托，妈妈明天去跟老师说一下，把东西拿回来。圆圆高兴得一下跳起来。

给她置办寄宿用的一套东西，再加上两个月的全托费，这对我们当时的收入来说，是笔不小的开支，但我绝不会说："我当初不让你寄宿，你偏不听……"孩子那么小，没上过全托怎么能知道全托的问题呢。她想上全托，可能只是看有的小朋友晚上住在幼儿园，觉得新鲜，就想尝试一下。经过三天尝试，新鲜劲过了，就不想上全托了，这是多么正常的反应啊。

我绝不会为此指责孩子，更不会因为花了钱就坚持要孩子再寄宿两个月。

待圆圆长大后，有一次回忆起这件事，她说这事她还记得，当时之所以想上全托，是听班里一位寄宿的小朋友说晚上老师给每个人发饼干，她其实只是很想得到饼干——这就是一个孩子的决策理由，而成人又有什么资格笑话它幼稚呢。

在圆圆成长中，她有很多这样的"决策失误"，这些"失误"会给我们带来一些麻烦，甚至会增加一些我们的经济负担，但我们从不批评她，更不会惩罚她，最多简单和她分析一下事情，有时连简单的分析也免了。我们相信，每个"失误"本身就是最好的教导，她只要感觉到了不对，就一定会从中收获经验和教训。

而且我们允许她在同一件事上犯两次甚至更多次错误，我们坚信，**没有哪一次错误是白犯的，即使相同的错误，每一次的收获也是不一样的。在我家，从没有"下不为例"的警告。**

不少人对我从未打过孩子表示惊讶，我经常遇到这样的质疑或提问："难道孩子做了错事也不要批评？屡教不改也不要打骂吗？"

很多人把我不批评打骂孩子归因为我的女儿分外乖。事实是，**并不是我的女儿比一般孩子乖，而是她像所有的孩子一样乖——天下孩子都**

很乖，没有一个孩子需要用打骂来教育。

我从没打过孩子，因为我想不出来哪一件事需要我用打骂去告诉她。比如她大约两岁时把我刚买回来的一瓶面霜都用小手掏出来，涂抹了一脸，最后还尝了一口。我在刚发现的一瞬间也很吃惊且心疼那瓶面霜的花销，但我知道孩子只是在模仿妈妈从瓶中取油抹到脸上，她那么小，怎么知道应该往外取多少呢。之所以还要吃一口，一定是闻着好香，以为很好吃。所以我不但不生气，还觉得很好玩，给她拍照留念；孩子也从这次尝试中知道搽脸油每次只用一点点就够了，而且不能吃。

一个智力正常的人走到悬崖边上会自动停止脚步，一个心智正常的孩子也知道言行的边界在什么地方。他可能会由于缺少常识有一些小过失，却会自动获取经验，自动校正自己的行为，使小过失成为积累经验的重要途径。我没因为女儿的任何错误打骂过她，是因为我知道，所谓的"错误"其实是生活送来的礼券，可以让我们兑换到更多的教育财富。

向孩子呈现善意，他才能学会善意；向孩子呈现宽容，他才能学会宽容；给孩子真诚的爱，他才能学会爱。任何你希望孩子具有的品质，都必须先给予他，然后才能被他所有。就像你拿不出你不曾拥有的钱，孩子也拿不出他不曾得到的东西。

那些最终在品行方面出问题的孩子，绝不是因为家长给予了宽容和爱而变得糟糕，恰恰相反，他们几乎全部在童年时代经历了太多的批评。儿童期是自我意识的构建期，这个特殊时期，如果孩子经常感觉的是家长的不满，然后是强力改造，那么他体验的就是被否定。而长期被否定的感觉，会消减他的自信，阻碍他正常天性的发展，导致一个孩子理性不足，善意匮乏，自爱意识丧失，选择功能失效，在自我把控方面心有余而力不足。

孩子需要看到家长眼中平和而慈爱的眼光，当他知道自己即使没有把一件事做好，也不会受到批评指责，他的心才能变得坦然，才有力量

和机会修正。他被当作一个值得赞赏的人来对待，才能获得把控自己的力量，不被坏习惯操纵，有力量选择健康而美好的东西。

圆圆从小就显得非常懂事，很有主见。从她上初中时，家中的许多大事就都会征求她的意见，她对一些问题的分析判断经常让我和她爸爸自叹弗如，感觉她在思考和处理问题时，成熟大气，甚至超过父母。到她成年后，我们更会在一些重大事情上听取她的想法，视她为良师益友。

这当然与她的天性有一定关系，但我相信，正是父母一直以来给她一个自由成长的空间，几乎不打击她，很少用负能量干扰她，她的天性很少受到压抑，心理很少受到阻碍，各种潜能才得以蓬勃有序地生长，青出于蓝而胜于蓝。

潜台词是最重要的台词

　　把潜台词说好了，并不是说每句话都要小心谨慎，都要去设计；而是要不断观察孩子，经常反思自己，从观念上提升自己。因为潜台词经常不是理性思考的一个结果，而是下意识的表达。意识提升了，话语自然也就到位了。

　　就像"潜规则"经常是左右事情走向的暗力量一样，潜台词往往是最能说到人心里的无言之语。

　　教育中，为什么经常会出现目的和愿望的背离，其中一个重要原因，就是教育者往往只关注自己说了些什么，没关注自己话语表象之下的潜台词是什么。潜台词，虽然无声无息，甚至难以被人意识到，却是真正对受教育者产生影响的部分。说对了，就是教育；说错了，就是反教育。

　　比如有的家长看到孩子把玩具弄坏了，说"你不爱惜玩具，就送给别的小朋友玩吧"。且不说"爱惜玩具"的要求本身就是错误的，什么是爱惜，让那个玩具总是干干净净地放在那里就是爱惜？被孩子拆卸了就是不爱惜？更糟糕的是，这样说，孩子听到的是这样的内容：第一，自己是个不爱惜玩具的人，妈妈对我不满意；第二，玩具给别的小朋友玩，是对我的惩罚——有这样的印象垫底，那么以后孩子出现不珍惜手中玩具、自尊感不强、不愿意和小朋友分享玩具，几乎是必然的。

教育不是一件简单的告知与被告知的事情，因为大脑具有对信息进行处理和加工的能力，儿童之所以对潜台词比成人更敏感，在于他的意识尚未受到世俗社会的浸染，处理和加工系统还没有被过分扰乱，所以能敏锐地捕捉到成人话语中的弦外之音。 所以如果家长们总是在意自己说了什么话，不考虑孩子加工出来的是什么信息，这反映的其实是成年人在孩子面前的不成熟。

有一位爸爸来找我咨询，他遇到的问题是，五岁的女儿总是不好好吃饭，并且经常发脾气。据这位父亲陈述，他和爱人对孩子很用心，每天都会把饭菜做得美味可口，也从来不对孩子发脾气。他们总是采用激励的方法和孩子说话，比如经常在开饭时对孩子说："宝宝是好孩子，爸爸妈妈一招呼，就马上过来吃饭。"这一招不行的话，就会采用激将法："你不喜欢爸爸妈妈了吗？不和我们一起吃饭了吗？"到终于把女儿招呼到饭桌上来，孩子却总是不好好吃，要么拿着玩具玩，要么要求父母喂。父母就会说"宝宝是懂事的好孩子，吃饭时不玩玩具"，或者说"好孩子都是自己吃饭，不用别人喂，让爸爸妈妈看看你是不是好孩子"！

表面看，这位家长的话语很正面，实际上句句有不良暗示。站在孩子的角度体会一下她听到的是什么：

"宝宝是好孩子，爸爸妈妈一招呼，就马上过来吃饭。"——如果你不立即过来，就不是好孩子。

"你不喜欢爸爸妈妈了吗？不和我们一起吃饭了吗？"——和我们一起吃饭就是爱的表现，不一起吃就是不爱。

"好孩子都是自己吃饭，不用别人喂，让爸爸妈妈看看你是不是好孩子！"——事实上你经常让爸爸妈妈喂饭，所以你不是好孩子。

设想孩子整天处于这样的语境中，她怎么可能不对吃饭这件事深恶痛绝，怎么能不发脾气？

分析家长的话，他们把孩子吃饭的表现和"好""坏"以及与父母的感情联系起来，让吃饭这个简单的事情背负了道德、责任和情感等太多的东西，给了孩子很大压力。依天性，儿童都想讨好父母。所以我们可以想象，最初父母这样说时，孩子会努力迎合父母，努力做得令父母满意。但由于孩子对吃的兴趣已被转移到如何讨好父母上，而吃的方式如何、吃多少，又成为父母衡量"好""坏"和"爱"的标尺，吃饭这件事就慢慢变成一个任务。这个任务的艰巨性在于它日日出现，一个幼小的孩子无论如何也无法次次让父母满意，无法长期担当。

在父母这些"激励语"之下，孩子会经常怀疑自己、否定自己，感觉自己不能令父母满意，内心会愧疚，并且对父母之爱产生不确定感，陷入惶惑。这种挫折感一再发生，孩子不但形成稳定的厌食心理，更有可能形成稳定的内疚感和逆反心理，对吃饭这件事更加痛恨，并且情绪烦躁、发脾气——这就是潜台词造成的后果。

所以我给这位父亲的建议是，在孩子的吃饭问题上不要再和孩子纠缠，吃是人的天性，不管就是最好的管。你只负责把饭菜做好，别的一点心不操，一点脑子不动，从内心完全"放下"，就是最好的解决——这本身也是一种潜台词，可以有效地告诉孩子，吃饭是人生的一种享乐，是件美好的事，不是负担。

如何才能把握好自己的潜台词？关键是你的话语中——不，你的意识中——是否给了孩子信任和尊重。这是说好潜台词的底线。

有一次，我到一个朋友家找她逛街。当时正值暑假，她读初中的儿子也在家。我们要出门时，妈妈推开孩子的房门打招呼，我看到孩子正在书桌前学习。朋友对儿子说："妈妈和阿姨去逛街，你记得写完作业去练琴，不许偷偷看电视啊。"儿子懒懒地嗯一声。

我们乘电梯下楼，走了一段路后，朋友突然想起忘了带手机，于是我们一起返回来，再上楼。打开房门，看到孩子确实没有趁家长不在跑到客厅看电视，还在自己的房间。朋友很高兴。

孩子听到我们回来，从自己房间走出来。当妈的愉快地对儿子说："妈妈忘了拿手机，不是故意回来检查你！"孩子听妈妈这样说，脸上一下浮起不满，朋友却没在意，拿了手机，在出门时顺便又叮嘱一句："写完作业了就去练琴，不要看电视啊。"孩子答一句"知道了"，一脸不屑和厌烦。朋友可能习惯了孩子这样的表情和语气，并没在意，心满意足地走出家门。

这位朋友经常向我抱怨孩子不好好学习、喜欢看电视、顶撞她等等。基于我和她很熟悉，关系很好，彼此信任，下楼后，我忍不住坦率地对她说：你这几句话，真不如不说。朋友一听，非常吃惊，忙问我为什么。

我说，你好好感觉一下，两次出门前的叮嘱，有必要吗？朋友说，有必要啊，我儿子不像你女儿那样自觉，所以我得经常叮嘱他。

我对朋友说，认为有必要叮嘱，这只是你自己的习惯。你站到孩子的角度上感觉一下，能从这几句话中听到信任和尊重吗？心里会舒服吗？如果你总是这样暗示孩子，让他觉得自己没有自控力、喜欢偷看电视、需要家长监督，又怎么能指望他不变成这个样子呢？

朋友听我这样说，有些认同，又似乎有些不服气，问我，那你说该怎么说呢？

我说，很多情况下，家长少说几句话倒是好的。就今天的情况，跟孩子说清楚我们去逛街，大约什么时间回来，这就可以了，后面的话完全可以不用说。信任孩子，相信他自己会安排好自己的事情，这本身是一种潜台词，会传达给孩子更积极的信息，远比你叮嘱这几句好得多。

朋友听我这样说，表现出认可，觉得我说的有一定道理，不过末了又感叹一句：我要生个女儿就好了，你说是不是女儿天生就比儿子听话？

我又一次意识到我无法让她在这个问题的认识上走得更远，依过去的经验，为了不伤和气，只好无可奈何地笑笑说：也许。

从理论上说，人们都知道"耳提面命"与"润物无声"是两种不同的教育境界，效果大不相同。但无论是生活中还是工作中，太多的家长和教师，他们只关注自己告诉了孩子什么，不去考虑孩子听到了什么。他们的话听起来从来没错，甚至很动听，可到了孩子那里却从来都是无效。

某知名作家写给她儿子的一段话被很多人在网上转载，这段话是这样写的："孩子，我要求你读书用功，不是因为我要你跟别人比成绩，而是因为，我希望你将来会拥有选择的权利，选择有意义、有时间的工作，而不是被迫谋生。当你的工作在你心中有意义，你就有成就感。当你的工作给你时间，不剥夺你的生活，你就有尊严。成就感和尊严，给你快乐。"

这段话看起来句句在理，否则不会有那么多人转载，不过它肯定无效，因为孩子真正听到的是：你以为妈妈要求你用功读书只是为了跟别人比成绩？错了。妈妈要的不是成绩，是未来。你不懂得，现在有好成绩，未来才有好工作，好工作意味着闲暇、尊严、快乐，这之外的生活，都没有意义，都是被迫谋生，这些都要我来告诉你——当妈的把人人皆知的普通道理当作自己独有的观点来陈述，自以为高人一筹，但其中的潜台词，既轻贱了自己孩子的智商，贬低了其他人的认识水平，也很市侩气，没有境界。虽然从道理上孩子无从辩驳，但凭直觉，孩子会读出另外的这些东西，这令孩子心底生厌，本能地排斥。所以，这段看似金科玉律的话，一点都没超越人群里最平庸的认识水平，区别仅仅在于措辞更美丽一些，掩盖了内涵的平庸，对孩子来说，它一样不中听。

社会精英的孩子并不必然成为精英，人们常归因于他们太忙，没时间照顾孩子，或孩子自己天赋不佳，是扶不起的阿斗。可能有这样的因素，但更多的，是精英们在和孩子相处中出了问题。高学历、高官、富商、知名艺人等都是社会精英，基本上都是高能量的人，这样的家长如果在和孩子相处中不得法，其破坏力会比普通家长更大。

我认识一位生意做得很好的家长，她的孩子对写作业简直是深恶痛绝。这位家长对孩子很用心，几乎天天陪孩子写作业，即使这样，孩子还是常常会出现完不成作业的情况，成绩一直是班里倒数一二名。有一次我听到这位妈妈这样催促孩子写作业："你已经欠数学老师三次作业了，还欠着英语老师两次作业，今天再不写，欠得更多了！"既然家长能这样说话，就不必奇怪她的孩子为什么对学习那样没有责任感。家长把生意场上的思维带进了教育，学习成了件欠账与还账的事情；而且她分明在告诉孩子，作业是老师的，不是你的，你写作业是在为老师工作。长期生活在这样的语境下，孩子怎么可能对学习有正常心态呢？

功课学习是所有孩子面对的一件大事，家长和老师莫不希望孩子热爱学习，有好成绩，所以这方面会对孩子说得多一些，出现错误潜台词的概率也就大一些。比如有的老师会这样说："考试没上 90 分的，罚抄课文十篇。"很多家长经常这样说"先写作业，然后才能玩"。当学习成为刑具，成为阻碍享乐的任务，怎么能让孩子去喜欢它呢？这就是为什么越喜欢说这类话的老师或家长，他手下的孩子对学习的兴趣越淡薄。

如果想避免此类不良潜台词对孩子的负面影响，消极的办法是少说。不知道该如何说，不说就是最好的。积极的办法是正面思维，给孩子正面暗示。

生活有万千细节，在和孩子相处的每个细节中都有教育，所以成人应该时时关注自己的潜台词。把潜台词说好了，并不是说每句话都要小心谨慎，都要去设计；而是要不断观察孩子，经常反思自己，从观念上提升自己。因为潜台词经常不是理性思考的一个结果，而是下意识的表达。意识提升了，话语自然也就到位了。

有位家长告诉我，她儿子从小就喜欢听故事，经常拿书要求妈妈给他读。但当时家长没意识到阅读对孩子多重要，只是把读故事当作哄孩子的一种办法。最主要的是家长自己因为工作忙，也对阅读没有太多的兴趣。而孩子总是要求妈妈一个接一个地讲故事，一本书会反反复复地读好多遍。妈妈经常觉得有些烦，就总说自己讲得口干舌燥，讲故事真累。孩子上小学一年级时，虽然识字量已很大，但却不肯自己看书；到了二年级，父母一再跟他说以他的认字量可以自己读书了，可孩子还拒绝自己阅读。为此父母又经常批评孩子太懒，批评他不肯自己看书。

后来，这位妈妈和孩子爸爸反思自己的教育出了什么问题。他们突然意识到，可能是这几年家长无意中说的那些"口干舌燥""看书好累呀"之类的话给了孩子不良暗示，让孩子觉得阅读是件累人的事。而批评又进一步强化了他不喜欢自主阅读这样一种心理。但毕竟孩子从小领略了读书的乐趣，爱阅读是人的一种天性。所以孩子既喜欢阅读，又逃避自主阅读。

接下来，他们改变了方法。她和丈夫决定不再说一句要求孩子自己看书的话，而是首先给孩子做榜样。他们开始买书，每晚都各自拿本书看，看到精彩的地方，就说出来分享。有时，一方故意在讲到精彩的地方找个理由停下来，去做别的，另一方就会拿起书来自己看，看得津津有味，让孩子生出好奇和羡慕。他们自己越来越感受到阅读的重要，尽量享受阅读的乐趣，并且把这种乐趣真诚地表达出来。比如爸爸调侃地说他的人生三大乐趣是：和铁哥儿们一起喝酒，晕而不醉；陪老婆买衣服，好看又不贵；躺沙发上读书，不用加班不用开会。

在这个过程中，他们对孩子没有任何要求，他想干什么就干什么，不干涉。孩子有时还是要求他们给读书，他们就很痛快地给读上一会儿，在读到孩子很有兴致时，找个借口说妈妈现在有点事，你自己先看一会儿，待会儿妈妈再给你读。

这样一直坚持下来，孩子逐渐发现了自主阅读的乐趣，就像一个一直喜欢让大人抱着的孩子突然发现自己走路比被人抱着更自由、更有趣一样。于是孩子不知从什么时候开始，不再要求父母给他讲故事，而是经常自己捧着一本书读得如醉如痴。

从这个案例中我们看到，观念变了，潜台词就变了；潜台词变了，孩子就变了。

在人类生活中，形而下的财富、物品可以直接赠予。形而上的经验、意志、理想、价值观等等这些东西，却难以直接赠送，也不能简单拷贝。因为孩子是有独立意识的人，他会对各种信息下意识地进行加工，做出自主判断，然后做出相应的意识整合和行为调整。**成人一定要把教育关注点从"我告诉了你什么"转移到"孩子接受到了什么"，关注到后者，才是关注到教育**。这就是本文所说的"潜台词是最重要的台词"，也正是教育的为难之处和微妙之处。

开"提意见会"

任何年代，任何国度，纯美的孩子都是家长最好的镜子，
能让家长从中看见真实的自己，为家长提供自我成长的机遇。
这机遇，值得家长万分珍惜。

孩子身上有什么问题，家长当然需要让孩子知道，要帮他完善。但
如果直接说，孩子多半不愿意接受，甚至会不高兴。这很正常，大多数
成年人不也是这样嘛，别人在指出我们缺点的时候如果不顾说话方式，
我们也会下意识地反感或反抗。

同时，在和孩子相处中，父母自己有什么不妥，自己很难发现，这
就容易导致家长不知不觉地陷入一错再错的境地。所以亲子关系中需要
有良好的沟通机制。

在我女儿圆圆小时候，从她三四岁开始，我家每周开一次"提意见
会"，不仅较好地解决了这两个问题，而且还有额外的收获。

平时我对圆圆的一些小毛病尽量不说，能接纳的就接纳，不能接纳
的暗暗帮她矫正。比如她小时候有段时间吃饭响声大，我就和她爸爸提
前沟通好，然后在饭桌上说："爸爸，你吃饭声音有些大了，要注意点

啊。"爸爸假装刚发现这个问题，不好意思地笑笑，赶快收敛吃相。圆圆听到了，看到了，自然会控制自己的吃饭声。问题当然不可能一次改掉，待下次我再发现她吃饭声有些大时，我就又提醒她爸爸："爸爸，你今天吃饭声音又有些大了。"一段时间后，圆圆的这个毛病就消失了。

但有的问题没这么简单，做示范用处不大，孩子意识不到其中的规则，就需要明确指出来。比如东西最好不随意乱放，不随意打断别人的讲话等。我最初是直接告知的，发现她有抵触，或不以为然，就考虑要改变一下方式，让她能心悦诚服地接受。

有一天，我问圆圆：如果你脸上不小心蹭了一块黑，别人都能看到，但你自己不知道，那么你希望别人告诉你，赶快把它擦掉，还是不希望别人告诉你？

圆圆说希望告诉。

我说对，然后又问她：可是，如果有的人不愿意这样，别人告诉他，他却不高兴，不承认自己脸上有黑，也不擦干净，这样好不好？

圆圆说不好。

我亲亲她的小脸蛋，宝宝说得对，其实我们每个人都有缺点，就像脸上不小心蹭上黑一样，自己不知道，别人能看见。如果有人能给我们提意见，告诉我们哪里做得不好，需要改正，这就像给了我们一面镜子一样，能让我们看见自己，这样才能让自己变得越来越好。你说，提意见是不是一件很好的事？

圆圆说是，显然，她一下就理解了"提意见"的意义，目光清澈，神情平和。于是我和她商量，以后我们一家三口要互相提意见，并且建议每到周末，全家人开一次"提意见会"，互相说说各自有什么需要改正的缺点，这样我们每个人的缺点就越来越少了。我俩商量好后，又去问了爸爸，爸爸也觉得是个好主意，特别赞赏。这事就这样定下来了。

圆圆表现出简直迫不及待地要开会了，掰掰手指还有两天才是周末，就对开会这件事更加期待。

从此，"提意见会"成为我家的例会。我们开始时是先给爸爸提，再给妈妈提，最后给圆圆提。到后来就采用猜拳的方式决定谁先提。还特意准备了一个本子，把互相提的意见记录下来。到下次开会时，看看小本子，总结一下各自的改正情况。

我们观察到给圆圆提一个什么意见后，她偶尔会不安。我们就会告诉她，爸爸小时候也这样，或这方面妈妈小时候做得也不好。再讲讲我们当初是如何克服的，举个例子或讲个故事。这样既安慰了她，又给她指出了改善的方向。

儿童尚处于心理无序期，对很多事没有把握，其实心底经常会不自信。所以在指出孩子的不足时，最好把自己和孩子置于一个平等的对话平台上，友好地和孩子交流，让孩子心理放松。忌讳居高临下的批评，也不能简单地要求孩子听话、乖。

"听话"和"乖"是我们传统的育儿审美心理，在一个小环境中，某些教师或家长很容易自封为权威，在儿童面前忽略自我约束的意识，使最需要民主和平等的关系，完全变成了统治与服从的关系。只是，由于习俗使然，很多人意识不到批评一个孩子"不听话"或"不乖"时，成人已变得多么不讲理。

观察我们周围的情况可以发现，不少妈妈只爱婴儿期的孩子。孩子在两岁前几乎是完全的依赖者，父母可以做到柔情似水，对孩子照顾得无微不至，充分享受着做父母的快乐。可一旦孩子自主意识萌发，开始有了自己的想法，很多父母就会觉得孩子处处触犯家长的期望和规则，变得不听话了、不可爱了，于是家长眼睛里开始流露出厌烦的神色。不少家长挂在口头的一句话就是"孩子越大越不好带，越来越不听话"。

依孩子的天性，他们其实都想变得完善，想表现得更好，孩子会本能地讨好父母。但如果在沟通中体会的是压力和不尊重，孩子的逆反情

绪就会被激活，以更加"不听话"来守卫自由意志和尊严。也有一些孩子走向另一个极端，彻底放弃个性，内心不产生任何主见，变成一个听话的提线木偶。不管哪种情况，都会导致孩子情绪淤积，无法建立良好的内在秩序感，情绪紊乱，甚至行为怪异。

看过一个冷笑话。某家有一位特别听话的儿子，父母说东儿子不敢往西，为此深得父母喜欢，令邻人羡慕。有一天，家里失火，慌乱中父母先跑出来了，儿子还在屋里，不见出来。妈妈大喊："儿子，失火了，快往外跑啊！"屋里传出儿子的回答："妈妈，你说出门必须穿戴整齐，我在穿袜子呀……"妈妈急得跺脚，"都失火了还穿什么袜子，别穿袜子了，快往外跑吧！"过了片刻，儿子还没出来。妈妈又高喊："儿子啊，你到底在干什么？快出来呀！"里面传出儿子微弱的声音："妈妈，我在脱袜子呢……"

培养一个只会"听话"的孩子是可悲的，可是，不去矫治孩子身上的一些坏毛病，或矫治不得法，也是问题。那么教育是否总可以找到有效的路径呢？回答基本是肯定的。

在我们和女儿的相处中，不是没有困惑，而是有了困惑后，努力去想一个妥当的解决办法，绝不以牺牲孩子的自尊或面子去简化自己作为家长的劳动。

我发现，无论我们给圆圆提什么建议，只要拿到"会上"说，她一般都能心平气和地接受。一是她已有心理准备，二是父母也拿出了接受意见的诚意，为孩子做了榜样。

并不是说她的某个毛病只要我们一提出来，就能马上改善。但我们不会因此抓小辫子，提一次没用就提两次，两次还没用，就换个说法，从正面说说她越做越好的部分，让孩子知道自己在改善着。实在不行，就接纳，把问题交给时间。我的孩子不必完美，如果有的问题时间也不能解决，那我们就考虑是我们家长的评判出了问题。这种情况下，我们首先要做的就是对孩子完全接纳，对所谓的"缺点"视而不见。

"提意见会"的价值不在于改造孩子，在于让孩子郑重其事地获得表达权，并且感受到交流方式的重要性。圆圆从小到大和别人说话时，总是非常得体，既诚恳又有节制，总是让人感到舒服，"提意见会"应该也功不可没。

应该说，我和她爸爸从"提意见会"中的收获更大，我们非常庆幸有这样一个机会，从孩子的视角反观自己，发现自己作为家长的不足之处。孔子说过："父有诤子，则身不陷于不义。"意思是，如果家长能倾听自家孩子的意见，就不会做出错误的举动。老人家在三千年前就提醒过我们的教育箴言，在今天仍然如此实用。

"理性态度的第一个特征就是反省在他者的背景下如何看待自己。"[1]**如果说作为家长我们做得还算不错，"提意见会"则是很好的校正器之一。我们深信，任何年代，任何国度，纯美的孩子都是家长最好的镜子，能让家长从中看见真实的自己，为家长提供自我成长的机遇。这机遇，值得家长万分珍惜。**

每一次的提意见会，其实也是一个亲子共处的美好时光，我们围坐在一起，吃着水果或点心，说着话，其乐融融，有时严肃，有时开玩笑，有表达的畅快，也有收获的愉悦，所以圆圆每周都挺向往开"提意见会"。偶尔我和她爸爸忘了，她就会及时提醒我们，该开提意见会了！

"提意见会"甚至让我和先生之间的感情更上了一个台阶。孩子小的时候，我们也年轻，各自身上都有不少需要完善的地方，在夫妻相处中也有很多需要改进的地方。在每次的提意见会中，我俩彼此也会很自然地把对对方的想法提出来，这让我们多了一个了解对方的渠道，也达成

---

1 陈嘉映，《哲学·科学·常识》，东方出版社，2007年2月第1版，40页。

了更多的谅解。

这件事我们坚持的时间并不长，在我的记忆中大约只有一两年的时间，这一两年也并非每周都去做，只在开始阶段周周都做，后来就越做越少，慢慢不了了之。到圆圆更大一些，偶尔谁想给谁提个建议，就会说应该再召开一次提意见会了，但这多半是开玩笑，并没有真的再专门找时间坐下来开会。

作家梭罗说过："我们天性中最优美的品格，好比果实上的粉霜一样，是只能轻手轻脚才得保全的。"孩子就是一枚水嫩的果子，需要我们爱护着成长。谁不知道讲道理、发脾气最简单？谁又见过哪个孩子是通过父母单纯地讲道理、发脾气变得越来越完善的？

"我所知道的最快乐的家庭，是那些父母不说教而对孩子绝对诚实的家庭。恐惧在那些家庭不存在，父亲和儿子是伙伴，爱也可以在那里滋长。在另外一些家庭中，爱却被恐惧压倒，矫饰的尊严和强求的敬重使爱缥缈无踪，强迫的尊敬永远暗示着恐惧。"[1]

杜威认为，纯粹的外部指导是不可能的。所以我们不能强加给儿童什么东西，或迫使他做什么事情，忽视这个事实，就是歪曲和曲解人的本性。成人的规则和控制可能立即见效，但却使儿童后来的行动失去平衡——后果就是儿童更容易受一些坏习惯的影响，他会不自觉地采用回避或欺骗的手法来平衡自己。所以控制欲强的成人，错误就在于缺少对受控制儿童发展倾向的预见性。[2]

1 [英]A.S.尼尔,《夏山学校》,王克难译,南海出版公司,2010年5月第2版,106页。

2 [美]杜威,《民主主义与教育》,王承绪译,人民教育出版社,2001年5月第2版,32页。

不愿意和孩子平等对话的家长必须意识到这一点："因为我们没有勇气面对自己赤裸的心灵，所以我们就变成道德家。"[1] 而教育的美好境界是"有心无痕"，并不是说什么也不做、什么也不说，而是要做得得体，让孩子心理上有自由感。

我同意这样的比喻：一个真心乐意给儿童自由的家长应该像一个仆人一样，精心地为主人提供餐饭，但并不规定主人吃什么吃多少；默默地为主人擦干净浴室，并不规定主人什么时间洗澡。他为主人提供种种帮助，而不去支使和强迫主人做什么。他不去打扰主人的生活，在主人需要时，却能及时出现。

主仆比喻无关家长和孩子在家中的地位，更不是意味着"仆人"在生活上无微不至、当牛做马地照顾孩子。只是说明家长应保有怎样一份尊重儿童的、得体的态度。

儿童实际上非常温顺，是带着友好出生的。如果父母在和孩子相处中善于倾听，有变通性，孩子就不会固执。不曾见识过"暴君"的儿童不会变成"暴君"，领略过优秀"仆人"品质的儿童学到的正是"仆人"身上的好品质。

记得圆圆三四岁时，我带她回我母亲家。母亲做了一种糖酥饼，圆圆非常爱吃，小小的人，吃了整整一个。那个饼中油、糖放得非常多，我不愿意她多吃，她再要时，我掰了很少一点给她，告诉她这个不能多吃，开玩笑说"今天已经吃得够多，再吃眼睛就绿了"。圆圆一口把那一小块饼吃下去，明明还想吃，却十分配合地拍拍小手说："那就等眼睛红了再吃吧。"

住了几天，要离开时，姥姥给她拿了一包糖块，她兴致勃勃地倒在

1　[英]A.S.尼尔，《夏山学校》，王克难译，南海出版公司，2010年5月第2版，204页。

炕上清点，约有二十块。我不愿意她路上吃糖太多，建议她不要拿那么多。圆圆想一想，从袋里拿出一块留下。我母亲对我的建议不以为然，嗔怪地说，干吗不让孩子都拿走？然后对圆圆说，都拿走吧。圆圆回答说："留下一块吧，我妈妈说不要全都拿走。"一副大度样。小小的人，既要平衡各方意见，又有变通性，大家都被她逗笑了。

圆圆小时候极少哭闹，总是非常快乐，我们从没觉得带孩子是一件令人烦躁的事。在任何事情上我们都不和孩子拧着来，也不用没有价值的妥协搞乱她的意识，当我们力求把事情做得美好可爱时，事情往往也就变得简单了。**孩子的心境总是清亮的，当她的世界里没有威胁时，她就不需要用哭闹这样的武器来保卫自己，只会自然而然地友好地沟通和表达**。

开"提意见会"是我们和孩子相处的一个小小的侧面，也是我们整个亲子关系的反映。待孩子长大了，就成为我们记忆中美好的回忆。

学会开"家长会"

　　孩子是敏感而脆弱的，如果老师和家长的见面，变成了让孩子蒙羞、挨训的恐怖事件，后果只能是让孩子憎恨老师，讨厌学校，让孩子在学习、自信、道德等方面失去上进心和判断力，而且最后多半会反映在学习上，影响学习成绩。

　　圆圆四年级时，有一次我去参加家长会。班主任表扬了几个学生，提到圆圆，说她跳级上来，在班里年龄最小，但仍然是班里学习最好的学生之一。不足之处是上课有时不认真听讲，她示意我会后找各科老师交流一下。于是我会后就去办公室找几位老师了解了一下圆圆的情况。

　　其中有一位教思想品德的老师说她学习没问题，就是上课经常不注意听讲，还偶尔会顶撞老师，感觉这个孩子很骄傲。旁边教社会课的老师听到了，接话说，感觉这个孩子是有些骄傲，有时老师正讲着课，她显得很不服气，就在下面嘀咕，让她站起来说，她还说老师讲得不对。

　　我听老师这样说，有些着急。关于她上课不注意听讲，我倒不认为是什么问题，以我对她的了解，知道她在学习上心里有数，哪些有必要认真听，哪些只用部分注意力去听，哪些可以完全不听，她自己明白。

我甚至私下授意她上不喜欢的课时，可以偷偷看小说，这样一是可以节省时间，二是可以防止和别人说话。我担心的是老师说的骄傲问题。圆圆从上幼儿园起就显得聪明伶俐，一直受老师喜欢，我担心她优越感太强，而我一直希望她有平常心，踏踏实实的。现在几个老师都这样说，我有些着急了。

于是我回家后就对她说："妈妈今天去开家长会，老师们反映你学习一直不错，但有些骄傲，还顶撞老师，是不是这样的？"

圆圆有些吃惊，说她没顶撞过老师，问是哪个老师说的。我不想告诉她是哪个老师说的，担心她以后对提意见的老师有逆反情绪，就说，不止一个人这样说。谁说的并不重要，重要的是自己要反思一下是不是有骄傲情绪，不要觉得自己有什么了不起。

圆圆一脸困惑，很不愉快地说："我没有骄傲，什么是骄傲呀？"我知道她是问自己做的哪些事可以称为骄傲。就说，老师也没说具体事情，你自己想想，什么时间顶撞过老师，你是怎么说话的，是不是在老师面前自以为是了。圆圆生气了，大声吵吵说："我没有，我没有自以为是！"她这样的态度，让我不高兴了，就批评她说："你说没有，那为什么老师们都这样说，一点不反思，就急着嚷嚷！"

圆圆万分委屈的样子，沉默一小会儿，嘴里嘟囔一句"她们怎么都这样说"，突然哇的一声哭起来。圆圆平时很少哭，这一瞬间，她不仅委屈，眼睛里还有惶惑。

她这样一哭，我突然意识到自己犯了大错。

一个只有九岁的孩子哪里有能力反思自己骄傲还是不骄傲，她如果在学校有些事做得不妥，应该想办法引导她认识，并让她高高兴兴去改正。而老师和我都这样不说事实，只说定论，会让孩子很迷惑，不知所措。她接下来有可能不再"骄傲"，但也会从此变得不自信，以为老师们都说她的不是，对所有的老师都有疑虑，在和老师的交往中没有了正常心态。

我赶快抱起她放到腿上，对她说："对不起宝贝，妈妈说得不准确，说得夸张了。不是老师们都这样说，只有两个老师这样说，就是教思想品德和社会课的老师。别的老师都没说这个问题。"圆圆听我这样说，情绪才好些，停止哭泣。

我说："妈妈和老师直接就给你下个'骄傲'的定义，这不对。不过你想想有没有顶撞过老师，对老师们说话不礼貌，或者见了老师不打招呼？"

圆圆想了想说，思想品德课上，老师要求回答"看电视的意义"，没有同学举手，老师点圆圆起来回答，圆圆想不出看电视的"意义"来，就说了句"看电视没有意义"。好多同学都笑了。老师很不高兴，说看电视可以学到知识，这不是意义吗，怎么能说没意义？圆圆反驳说，那为什么家长都不愿意让孩子看电视，都说看电视耽误学习？她的反驳让老师特别不高兴，批评她说你以为你比老师知道得还多。

至于社会课老师，圆圆想不起来有什么具体的冲突事件，她就是不喜欢这个老师。她说这个老师讲课时经常说些可笑的话，比如说南方人精明、北方人都是"大彪子"（烟台方言，指一个人比较傻、莽撞或缺心眼儿），还经常骂学生，班里同学都不喜欢社会课老师，所以她遇到这个老师也不爱打招呼。

我不知该说什么了，我为自己刚才的言行感到内疚。圆圆一直是个表里如一的孩子，她的质疑精神非常可贵，并且以她的年龄还不会隐藏自己的想法和情绪，有什么看法就自然流露出来，这让一些脆弱的老师受不了，视她的优点为缺点。

我知道孩子没什么错，是成年人的评判错了。但毕竟她还要和这些老师相处，以后如何向他人表达自己的看法，应该是孩子成长中需要学习的一课。

我一下拿不准如何和她往下谈这件事，就等她爸爸晚上回来，我们商量后，第二天又和孩子谈这件事。

我们首先告诉孩子她在思想品德课上的回答没什么错，怎样想的就怎样回答，这是个优点。但由于小学的老师们大多数不习惯和学生辩论探讨，所以以后没必要在课堂上那样反驳老师，可以下课后找老师谈，如果老师表现出不愿听，就把在学校的一些想法拿回家和父母谈，父母特别喜欢听她的"不同观点"。我们还就"看电视的意义"讨论了一会儿，使圆圆认识到老师的问题有些无聊，但自己的回答和态度也有些绝对了。

为了让她能更好地接纳各种各样的老师，我们又对她说，老师这个行业和任何其他行业一样，有的人素质高，有的人素质低，这是正常的，不要强求自己遇到的老师都让人满意。但是对学校的每个老师我们都要尊敬，不是尊敬他们的坏习惯，而是像尊敬世界上任何一个人一样，只要这个人不做坏事，仅是有些我们不喜欢的毛病，我们也应该尊重他。素质不高的人本身已很不幸，这是因为他从小没有遇到一个良好的教育环境，如果受到良好的教育，他一定不是后来表现的那样。我们如果现在不尊重他，他就更不幸了，素质更难提高。

圆圆觉得我们这些话可以接受，谈完后她干自己的事去了，看起来心情很好。

我们觉得以后要多和老师沟通，多了解一下孩子在学校的情况，但不能回家后不认真和孩子沟通就简单地教育她或教训她。凡事都要从两方面看待，既要考虑老师的意见，也要考虑孩子的感受。这次家长会后，如果我不管三七二十一地批评她一顿，简单生硬地要求她尊重老师，那其实是激化矛盾，恶化她和老师的关系。孩子当时会生气，感觉委屈；往后会不自信，变得谄媚或奴性。

我们的目的应该是让她学会和老师相处，在现有环境中适当调整自己，让自己和环境取得协调，但要保有自信，不失去思想的独立性。

从此，我们就很注意如何把家长会上的情况带回来和孩子分享，无论是针对她的优点还是缺点，都注意谈话以能够对她形成促进为目的，而不是干扰或打击。

她上高中的第一学期末，学校召开家长会，主要内容是通报学期考试情况。圆圆总体成绩不错，只是数学较差。她的数学从小学到初中一直不是强项，上高中后所在的理科实验班的同学们数学普遍都强，相比之下，她的数学成绩显得很不理想。班主任就是数学老师，我会后跟她聊了一会儿，班主任也提到圆圆数学比较弱，认为她在数学上应该再想办法提高一步，建议可以考虑报校外数学辅导班强化一下。

回家的路上我考虑了一下，否定了给她报课外数学班的念头。一是高中生学习已很忙了，周末再不给她一些自由安排的时间，反而不利于她的总体学习安排。数学成绩可能提高了，别的课程就会受到影响。二是我觉得她数学学得不理想，不是课时问题，而是兴趣和自信问题。圆圆小学和初中遇到的两名数学老师都影响了她对数学的兴趣，如果能调动起她对数学的自信和兴趣，成绩一定会有改善。现在的一个有利条件是班主任就是数学老师，她的课讲得很好，班主任工作做得也非常好，深受班里同学的尊重。也许这是个改善的机遇。

我回家后对她通报了家长会内容，把成绩单交给她。成绩单做得很细，把个人各科成绩、年级各科平均成绩、班级各科平均成绩、个人在班级中的名次等内容，都详细地列了出来。圆圆所在班是学校的第一实验班，同学们学习都很好，各科成绩都高于年级平均成绩。而圆圆的各科成绩又基本上都高于班级平均成绩，只有数学低于班级平均成绩。她看完成绩单没说什么，我知道她对数学成绩不满意，但因为数学一直不强，也无可奈何。

我想我这时候绝对不能把数学老师的原话告诉她。老师的话虽然是个客观事实，但这个事实孩子自己也知道，说出来，除了再一次强化她数学上的弱势，让她在这门功课上不自信外，对她的进步没有什么意义。家长不能假设孩子都是克服困难的英雄，被指出不足就一定能克服不足；恰恰相反，孩子的某个不足之处如果数次被提起，就会让他们以为自己骨子里就长着那个不足，自己是无能为力的，只好认命。我的目的是要树立孩子的自信，激励她学好数学，所以要换个说法。

我对她说："老师说你这几次数学虽然考得不是很理想，但她觉得你在数学方面其实是很有潜力的。"听我这样说，圆圆微微有点惊讶："是吗，我数学考得那么烂，老师怎么会觉得我有潜力呢？"我说："你的老师数学教得那么好，教了一届又一届那么多学生，凭她的经验和感觉，应该知道哪个学生有潜力吧，要不她怎么会这样说呢？"

我能看出圆圆心有所动。班主任能这样说，让她感到意外，对自己的数学能力有了新的认识，原来自己是有潜力的。

我又对她说，老师说让你不要着急，先不要急着和同学们比成绩，要自己踏实下来，认真跟着老师的教学走。不要过分追求解难题，把基础知识好好把握了，遇到问题追究下去，直到把一个问题彻底搞明白，不要留有死角，解决了问题才会没有问题——这些关于学习的话，其实是老师对所有家长讲的，它对每个孩子肯定都适用。

激起了她的自信，给予她诚意的期待，这对孩子是个巨大的鼓励。至于具体如何学，我知道自己是毫无能力去指导她的，但我坚信踏实的心态是能够让学习起飞的平台，有了这种心态，她自然是会主动寻求各种适合自己的方法，会把自己的能力发挥到最大。

写到这里，我想到，有些家长，明明他们对某个学科认识很浅薄，却以为自己有指导孩子学习的能力，乱出主意，瞎指挥。比如有的家长想让孩子学会写作文，就把孩子手中一本让他兴趣盎然的小说抢走，让孩子去读作文选；有的家长凭广告或别的家长的做法，去给孩子买来各种课外习题集，规定孩子每天做几道题；有的家长想当然地给孩子定下每天背十个英语单词、一个月背三百、一年背三千的目标。

所以我再一次强调，作为家长，千万不要自以为是，如果没有完全的把握，不要在孩子学习上随便指手画脚。家长要做的，就是保护好孩子的学习兴趣，树立起他对学习的自信。有了兴趣和自信，你还怕他学不好吗，还怕他自己找不到方法吗？

事实证明，圆圆在此后的时间里，数学确实有了很大的起色，成绩越来越稳定。中间当然也有没考好的时候，她会流露出一些沮丧，我们就暗示她，她是有数学潜力的。告诉她考试总会有一些偶然性，况且发现问题本身就是收获，让她放平心态，踏踏实实学习就是了。她的数学老师给予了她鼓励，她也不断地向班里数学成绩好的同学请教。自信而踏实的心态是最好的"补习班"，这让她在数学学习上大有长进，成绩由班里的中等偏下，变成名列前茅。

家长和学校老师沟通是一种有效了解孩子的途径，老师一般也都会如实地将孩子的各种情况告诉家长。但家长如何"转达"，要动一些脑筋，不要不分情况地全部"如实"转达给孩子。一定要考虑你的"转达"所采用的方式及言语会对孩子形成怎样的影响，是建设性的，还是摧毁性的，对孩子是有激发作用，还是抑制作用。

现在有一种令人痛心的现象，许多中小学生特别害怕开家长会，开家长会的日子已经成为他们的"受难日"，尤其是一些学习成绩不太好的男孩子，家长会通知简直是下达给他们的"惩罚通知"。在他们的经验中，家长会就是"成绩排名会"和老师"告状会"。后果是回家轻则遭训，重则挨打。

在家长会后打骂孩子的家长，一定是简单粗暴的家长。他们大多平时不主动和老师们沟通，只是在开家长会时或老师"请家长"时，才听到一些关于孩子的在校情况。老师向他反映孩子不守纪律，或者孩子成绩不佳等各种问题，都是他生气的理由。从学校回家的路上，他不去想孩子的问题到底该如何解决，不去反思自己在教育中是否有过失，不去思考如何有效地帮助孩子，他只是想赶快找孩子算账。这样的家长对待孩子原本就简单粗暴，在家长会后处罚孩子，与其说想"教育"孩子，不如说只是家长想平息自己心头的怒火，想出口恶气。但这只能让孩子的问题变得更为糟糕。

孩子是敏感而脆弱的，如果老师和家长的见面，变成了让孩子蒙羞、挨训的恐怖事件，后果只能是让孩子憎恨老师，讨厌学校，让孩子在学习、自信、道德等方面失去上进心和判断力，而且最后多半会反映在学习上，影响学习成绩。

家长即使从家长会上发现孩子学习退步，不守纪律，和同学打架，甚至旷课等严重问题，回家后也不应该打骂孩子。要先和老师好好分析沟通一下，尽可能寻找出问题的缘由来。

孩子不会凭空出现问题。出现问题，一定是有一些长期积淀的症结没得到解决，或是有某个外在因素使一些小问题恶化。比如一个孩子突然不想去上学了，就要考虑他和班里同学的关系是否出现了问题，是否受到某个老师的批评而感到委屈，是否遭到了他人的威胁等，孩子的成绩一路下滑，就要考虑自己对孩子的学习管理是否得当，观察他最近情绪如何，对什么感兴趣，主要和哪些人交往，他遇到了什么打击或诱惑等。最重要的，是要好好和孩子沟通交流，首先让他信任你，能对你讲出他的困惑或困难，然后获得你的鼓励和帮助。

孩子表现不好，把他骂一顿、揍一顿——这是多么容易的事啊，做起来也很痛快，每个家长都做得到——所以它为许多家长所钟爱。只是，它不能解决任何问题。所以，它也会让那些习惯于"痛快""容易"地解决问题的家长在以后的日子里，慢慢品味教子无方所带来的更多的不痛快和不容易。

而听到孩子的问题后，能冷静行事，能自我反思，和孩子真诚对话，努力去理解孩子，想尽办法激励孩子，巧妙地帮孩子解决问题——这些做起来有些难度，需要家长付出许多理性和思考——能为孩子一生成长着想的家长，难道不可以为孩子付出这些吗——教育就在这点点滴滴的细节中。你此时付出一点理性、思考和智慧，在遇到种种问题时处理得艺术一些，孩子会用十倍的优秀来回报你。

如何培养好习惯?

培养习惯的原则应该是"顺应自然,适当推动"这八个字。

教育有责任培养儿童某些良好的习惯,其前提是,我们必须知道什么叫"好习惯"。

判断一种习惯的价值,可以从三个方面考虑:它是小习惯还是大习惯,是外部习惯还是内部习惯,是别人的习惯还是自己的习惯。

比如,有两个孩子,一个依家长的要求,严格遵守作息时间,每天按时按点坐到书桌前,开始写作业,心里却总是惦记着看电视或玩一个游戏,不时地走神,心里痛恨作业,但也不敢离开书桌。另一个孩子可以自由安排时间,有时先玩游戏,有时先写作业;如果玩的时间太长,挤占了写作业时间,只好熬夜写作业,或某一天因为着急,把作业写得潦草。总的来说,不管怎样,都能正常完成作业,在学习和玩耍中不断调整自己,大体做到学习玩耍两不误,不用家长操心。

前者的这种"学习习惯"就是外部小习惯,同时也是别人的习惯。一旦外部控制不存在,这个习惯就立即消失;并且由于孩子自己的习惯没有形成,所以会出现失控现象,陷入糟糕的状态。后者表面上看,他的生活似乎不太有规律，有些乱，习惯不好，事实上他形成了一个适合他自己的内部习惯，这个习惯使得他独立，对自己负责任，即使外部条件和环境有什么变化，也能基本适应，所以他养成的是大习惯。

最理想的当然是大习惯和小习惯吻合，事实是大多数人都在用一生的时间努力进行这样的调整，不过大多数人也做不到让这二者完全吻合。

研究一些杰出人物的成长史，他们并不是从小被要求形成什么"好习惯"，相反，他们都有宽容的父母，甚至成年后他们大多数在生活小事上是不拘小节的，但他们往往有很好的直觉和判断力，对某些事物有浓厚的兴趣，变通力强，懂得取舍，把力量用在最值得用的地方。世上很少有做得面面俱到的人，能得诺贝尔经济学奖的人不一定能准确地记录家庭财务账，杰出的文学家可能做不了小学数学题。我们可以照着理想去培养孩子，但不能照着理想直接去硬性要求。

习惯对于一个人确实重要，更重要的是我们要明白，我们正在着力培养的是孩子的什么习惯。曾有一位初中生的父亲给我写信，说他的儿子学习很好，爱阅读，缺点是太懒，不肯干家务。他其实只要求孩子每天把自己的屋子收拾干净，被子叠整齐了，自己的衣服自己洗。做父亲的认为这样可以培养孩子爱劳动的好习惯，而孩子在学习之余完全有时间和能力去做这点事。但孩子要么不做，要么胡乱应付，为此父子间总是发生冲突。

我反问这位父亲，你的目的是要把孩子培养成五星级酒店的客房服务员吗？否则何必为此整天纠结？孩子的时间有限，学习之余本来已没有多少时间，还要阅读，还要玩耍，他能把自己成长中的主要任务安排得当，就已经很好，何必要求他那样面面俱到呢？屋子凌乱一些，衣服由妈妈交给洗衣机来洗，让孩子有学习有娱乐有闲暇，轻松愉快地成长。一个身心健康的孩子，用得着担心他将来不会收拾屋子或不会洗衣服吗？

杜威指出，人们在对"习惯"的理解中有一种错误，"把习惯等同于机械的和外部的动作模式，而忽视智力的和道德的态度"。事实上"习惯的重要性并不止于习惯的执行和动作的方面，习惯还在于培养理智和情感的倾向，以及增加动作的轻松、经济和效率"。[1]儿童不需要早早形成一种可识见、可总结的习惯，不要先制定出一个"习惯"的框子，然后强制孩子用行为去填充。儿童事事都听命于一个成天教导他的权威，疲于应付，他的能量无法聚集，且越来越不会动脑筋了。一个凡事都令家长满意的"听话"孩子，他习惯性的服从到头来也往往成为他人生发展最大的绊脚石。

一切培养习惯的行为都要首先顺应儿童的天性，让他在愉悦感中去慢慢形成。习惯既是一种表达人与人之间差异的相对的行为，又有其普世适用的绝对的价值标准。真正的好习惯，或者说最大的好习惯，是孩子有能力也有兴趣安排自己的一切事务。生命是一个宏大工程，精美的装饰只有在大构造完善的前提下才能最终实现，小习惯的价值必须依附大习惯的价值而存在。要养成学习的习惯，而不是在规定时间内做出学习样子的习惯；要养成好的生活习惯，而不是在教条中刻板地重复某些行为的习惯；要养成好的品行习惯，而不是见什么人说什么话的世故习惯……面对一个有无穷可能的孩子，成年人应该有敬畏感，不要以为自己吃的盐多，就具有了指点孩子一切的能力。

在生活中，成年人确实显得比孩子聪明；可在天地间，比成年人更聪明的是自然。儿童是自然交到成人手上的精灵，他是带着灵性而来的，要让他灵性不灭，就要遵循自然大法，不能做反自然、反天性的事。

---

[1] [美]杜威，《民主主义与教育》，王承绪译，人民教育出版社，2001年5月第2版，56—57页。

　　培养习惯的原则应该是"顺应自然，适当推动"这八个字。前四个字是培养者应有的心理基础，看不见却非常重要，决定行为的大方向；后四个字是具体做法。可从以下几个方面来理解和实现：

　　第一，不要把"养成好习惯"这句话挂在口头上，不要在细节上和孩子纠缠。

　　"养成"必须是件自然发生的事，许多好习惯往往不容易总结，甚至不会被意识到。家长在这方面不需要太有作为，对孩子体恤些、宽容些、信任些，允许他做得不好，不过分指导和控制，让他有机会慢慢练习和调整自己。一个孩子能健康自然地发展，他其实就是在养成好习惯。他越是意识不到自己在形成一种习惯，这种习惯越是自然地生发在他身上，成为他牢不可分的一部分。像卢梭说的那样：儿童应该自由成长，对他们来说，最好的习惯就是没有习惯。

　　第二，家长要从孩子所有的坏习惯中看到自己的坏习惯，然后加以改进。

　　教育家杜威在他的书中讲过一个故事，一个四五岁的孩子，他母亲三番五次地喊他回家，但他没有什么反应。别人问他是否听到了母亲的喊声，他郑重其事地回答说："啊，听到了，可是她并没有拼命地喊我啊！"[1]由此可见，如果家长自己用有问题的习惯对待孩子，儿童也只能发展出有问题的习惯。几乎所有行动慢吞吞的孩子背后，都有个心急火燎、动作麻利的家长；所有不爱吃饭的孩子背后，都有个喜欢一勺接一勺往孩子嘴里喂饭的家长；所有不自觉学习的孩子背后，都有个对作业和分数过分计较的家长……如果想培养孩子的好习惯，先打量一下自己有没有坏

1　[美]杜威，《我们怎样思维·经验与教育》，姜文闵译，人民教育出版社，2005年1月第2版，57页。

习惯。

第三，欲强化某个好习惯，要用正面的或暗示的方法，杜绝批评和责罚。

儿童特别容易受到暗示，也珍惜成人的赞美，他从中体会到好习惯的乐趣，好习惯就开始成为他真正的一部分了。还比如前面提到的马虎问题，当孩子出现马虎时，给予宽容和理解，一笑了之，什么也不说，或最多简单地提醒一句，让他以后细心一些。当孩子表现得认真细致时，表达出你的喜悦和欣赏；只有孩子内心没有压力，轻松面对学业，不为自己作业或考试中的小过失感到羞愧和恐惧，不为成绩的优劣患得患失，把注意力放在发现问题和解决问题上，他才能体会到学习的乐趣，产生主动学习的愿望。而凡主动学习的过程，都是一个人克服低级错误、使思维和动作精细化和准确化的过程，失误才能转化为正面经验，精准度才能慢慢提高，马虎才会越来越少。

总之，不要让孩子在某事上有被否定感，而要让他体会到成就感和荣誉感。在好情绪中，事情才会往良性循环的方向走，坏情绪只能让事情陷入恶性循环。用令孩子不快的坏方法来清除坏习惯，几乎都会失败，会制造出更大的坏习惯。

如果孩子在学习或玩耍方面已形成了一种坏习惯，矫正的方法除了上面几种，最重要的是耐心等待。

时常听到有家长说，我以前做得不好，让孩子形成一个坏习惯，可现在如果我不管，他会变得更差。确实，如果孩子已养成一个坏习惯，家长如果不再管，事情似乎一下进入了更糟糕的状态。其实这是孩子在开始调整自己的心理秩序，他要去收拾这个烂摊子，只能让情况暂时变得更乱些。

正像我们的屋子，如果开始为了表面的整齐，胡乱往柜子里塞东西，整齐的表面下其实是个烂摊子。到需要整理时，就得把柜子里的东西都拿出来堆在床上、椅子上和地上，家里显得更乱了。只要不焦躁，一点点去做，经过一段时间的整理归类，屋子终会变得内外井然有序。收拾好一间屋只需要几小时，最多几天，而孩子心理秩序的调整可能需要很长时间，几个月，甚至几年、十几年。病来如山倒，病去如抽丝，坏毛病也是病，必须假以时日慢慢修复。家长如果不从根本上改变自己的认识，用"忍耐"的心态来对待孩子的调整，很可能忍不了几天就又要去唠叨或管控孩子，那么孩子的自我调整会立即中止，心态会陷入更差的地步，甚至会完全失去自我调整的力量。只有用不焦虑不蔑视的心态全然接纳，把信任还给孩子，他才会慢慢获得改善的力量。十年树木，百年树人，谁能把眼光放到十年、二十年后，谁才是教育的胜出者。

第四，家长要有始终统一的言行，尤其要做出榜样，多身教，少言传。

在培养孩子好习惯上，家长最有作为的办法是做个好示范，一直坚持，并且从不为此和孩子发生冲突。

以杜绝垃圾食品为例，有的家长自己不会给孩子买市场上售卖的垃圾食品，但遇到别人热情地给孩子递来的油炸、膨化或染色食品时，往往因为碍于面子，不好意思拒绝，就让孩子接受了。有的是一家人自己意见不统一，奶奶给买了垃圾食品，妈妈不让吃，奶奶又背后偷偷给孩子吃。还有家长既往家里买垃圾食品，又不让孩子多吃，或自己吃而不让孩子吃。这些分裂行为都会弄得孩子不知所措，更有可能激起他对垃圾食品的兴趣。

我有一位朋友做得非常好，她认为一个人的口味是从小培养出来的，认真给孩子料理一日三餐，从不把垃圾食品带回家，也从不让孩子吃外面的东西。她平时为人随和，但遇到有人往她孩子手上递这些东西时，却一概拒绝，哪怕得罪人也不肯通融一次。为了避免孩子看到这些小食品而眼红，她对孩子说，这些东西既没营养又有害，咱们看都不看它一眼！说这话时，口气里表示出很同情那些乱吃东西的人，让孩子觉得吃那些东西真是不幸。所以她的孩子后来再遇到有人给递上小食品时，不但不要，甚至眼睛都闭上了。这位家长还做得非常好的一点是培养孩子的运动习惯，她从孩子能和她一起运动时，就坚持天天带孩子跑步或打球，遇到刮风下雨天，她会在家里把餐桌搬到相对宽敞的客厅，和孩子打乒乓球。这位家长和她丈夫个子都比较矮，但她的孩子却长得高高大大，结实匀称。这应该和她一直用统一的言行、良好的榜样来培养孩子的饮食及运动习惯有关。

一个生命对另一个生命表达关爱的方式，首先应该是尊重，而不是改造。再亲密的关系都必须建立在两者各自独立的基础上，这样才能在习惯的养成上取得进步，在生命与生命之间达成和谐。如果我们站在江边只是为了等一只船的到来，体会的往往是"过尽千帆皆不是"的失落，如果沏一壶茶摇一柄蒲扇，坐在江边欣赏那波光粼粼，看到的就是"斜晖脉脉水悠悠"的美景。"处无为之事，行不言之教"，是中国传统的教育大法，也是培养孩子好习惯的最高宗旨。

不怕小动物

不要让孩子有"怕"。不怕小动物，也不怕"大灰狼"，不怕"警察"，不怕"鬼"——什么都不怕，没有恐惧的童年才能带来一个重负很少的人生。

很多人都惧怕某种小动物，那是一种痛苦的体验。没有惧怕或惧怕不深的人，体会不到那种折磨。

我非常害怕一种小动物，不光怕活物，也怕图片，甚至连文字也害怕。原本很喜欢看纪录片《动物世界》，就因为偶然在镜头上看到这种小动物，从此后就再也不敢看这个节目了。即使节目讲毫不相干的其他动物，也不敢看，怕万一遇到。所以在这里写到这个问题，都不能写出这个小动物的名来，否则这篇文章也写不下去。

我知道这很病态，但克服不了。它不是毅力的事，就像人不可能靠毅力治愈疾病一样。

我曾在大学里选修过一门心理咨询课。有一节课就是讲如何克服惧怕小动物。老师采用的是"脱敏疗法"，让我们闭上眼睛，想象自己害怕的那个东西在很远很远的地方，然后让它一点点地慢慢地往自己跟前移。每当感觉害怕时，就停顿一小会儿，让自己适应一下，能接受了再往前移。

一些同学通过这个方法，慢慢地觉得自己害怕的某种小动物不那么可怕了，可以接受了。只有几个人做不到，我就是其中之一。因为我根本不能接受那个东西的存在，更不要说让它往近处移，只要视线中有一点影像，就吓得赶快把眼睛睁开了。

用心理学来治疗我的恐惧看来比较难。我常想，如果这个问题放在我幼年时代解决，也许会容易得多。

我仔细回想惧怕的根源，觉得可能和我母亲也怕这种小动物有关。

我依稀记得我很小的时候，我妈妈突然看到这种小动物时那种惊恐的神情。当她发现我也害怕这种小动物时，就很注意保护我不被吓着。比如哥哥要是拿这种小动物玩具来吓我，妈妈就会批评他说："你不知道妹妹怕这个吗？"妈妈在保护我，但也强化了我的惧怕。

不管什么原因，既然骨子里已被种上这样的恐惧，并深为此事苦恼，那我就希望我的孩子不要有这类困惑。尤其女孩子，容易害怕某些东西，这方面我们就很留心，尽量让圆圆什么都不怕。

我带着她观察和欣赏各种小动物，玻璃箱里的蛇、土坯下的潮虫、屋角挂着的蜘蛛。

本来我有些害怕蜘蛛，但怕得不严重，可以忍受，为了让圆圆不害怕，就做出一副毫不害怕的样子，硬着头皮和她一起观察，最后甚至大着胆子用手去抓。

而对于我最害怕的那个小动物，自己实在无法忍受，就多次让她爸爸领着她去看。

她爸爸在和圆圆一起看时，故意以欣赏的口气谈论它，暗示这个小动物多么可爱。

不知是遗传还是受到过我某种表情的暗示，圆圆第一次看到这个小动物时，似乎也有些要躲开的意思。经过爸爸的引导，她慢慢就接受了。现在她一点都不害怕这种动物，也不害怕别的小动物。有些小动物她不喜欢，但最多是不用手去抓它们，不需要忍受任何惧怕的痛苦。

这方面我得出的几条经验是：

第一，大人害怕什么，不要在孩子面前表现出来，尤其是孩子小时候。

比如圆圆小时候我从来不让她知道我怕那个小动物。在给她讲故事时偶然会在书上遇到。要是按以前的样子，我会吓得一下子把书扔掉。但为了不吓着圆圆，我甚至克服了多年以来的本能，硬是忍下来，找个借口赶快翻过这一页就是了。爸爸领着她去看那个小动物时，我只是假装去做别的事，借故走开，不让她知道我是因为害怕才不过去一起看。等她长大些后才知道我害怕那种东西，那也就影响不到她了。

第二，如果孩子已表现出害怕什么，要创造机会让他慢慢接触那个东西。

一点点接受，如果能想办法让他接受了第一次，以后就会越来越容易。我记得我小时候有一次差一点要接受那个小动物了，因为几个小朋友都在玩它，我也开始有些兴趣了，但当时没有人鼓励我，就在我快要接受时被人提醒，你怕这个，别玩了。这样我就永远丧失了接触它的勇气。

第三，不要强化孩子的惧怕，要用语言或态度来淡化。

比如孩子表现出对某种东西害怕时，不要安慰孩子说"不要怕，我们不怕它"，这种安慰是一种无意识的强化。成人这时应该做出对此无所谓的表情，用轻松的口气谈别的事，转移孩子的注意力，让他觉得家长没在意他的恐惧，这样他就会觉得自己的恐惧可能没必要。

更不要当着孩子的面，对别人说他怕什么东西。成人随口一说，孩子总会听到心里，会加深印象。当着孩子的面说他怕什么，只会更强化孩子的惧怕。

好像有一种说法，在所有消极感受中，比如悲伤、焦虑、压抑等，惧怕是最折磨人的。人生"无怕"是一种难得的境界，这需要从童年开始，从具体的小事上开始。

不要让孩子有"怕"。不怕小动物，也不怕"大灰狼"，不怕"警察"，不怕"鬼"——什么都不怕，没有恐惧的童年才能带来一个重负很少的人生。

第二章

幸福的家就是五星级宾馆

上帝答应给亚伯拉罕及其后裔的土地（土地常常是母爱的一种象征）被描写为"到处都流动着奶和蜜"。奶是爱的第一方面的象征，是关心和肯定的象征；蜜则象征着生命的甜蜜、生活的幸福和对生命的热爱。

女儿的隐私

小小的心既要容纳一个神奇的事实，又必须承受性命攸关的保密责任，这对一个七岁的孩子来说是多么艰难和痛苦啊！

有一天，七岁的圆圆看到电视里谈关于隐私的话题，就问我什么叫"隐私"。我说："就是不能对别人讲的个人秘密。"她问我："你有没有隐私？"我说应该有吧。她又问："我爸爸有没有？"我说也应该有吧。圆圆一副欲言又止的样子。我心里笑了一下，没深究这个问题专家在想什么，继续擦我的桌子。片刻后，听见她低低说一句："我也有隐私……"

我直起腰来，认真地关照女儿："那你可小心点，不要让爸爸妈妈知道了。"圆圆也认真地说："我一辈子都不告诉别人，也不告诉你。"我忍住心中的笑："连妈妈都不能告诉，看来你的隐私还不小呢。"她听出了我口气中的揶揄，不满地说："我的隐私才不是小事呢，可大了。"我问有多大，她用双手做了一个足有房子大或天大的动作，也觉得没比出来，就不耐烦地说："别问了，我不想说这个事了。"

我拿着抹布进了卫生间，正清洗时，圆圆跟进来。她略带诡秘，试探地问我："妈妈，你的隐私是什么？"我说："我的隐私也不能告诉别人，要是说出来就不是隐私了。”她好奇心高涨，缠磨着要我讲出来。我一时找不出敷衍她的内容，就说：“你先把你的告诉我，我再告诉你。”她小嘴一噘：“不行，我的不能说。”我说：“我的也不能说。”她就开始耍赖，搂着我的腰哼哼唧唧：“告诉我嘛，告诉我嘛。”我想编个“隐私”赶快把她打发走，就顺口说：“妈妈先告诉你，然后你再告诉我好不好？”以我对圆圆的了解，这样的交换她总是乐于接受的。但她一听，还是不能接受，无可奈何地看书去了。这倒让我有点意外，她宁可放弃听我的“隐私”，也不把自己的“隐私”讲出来。是什么事，能让一个小孩子在这样的诱惑下守口如瓶呢？

我正奇怪着，听见她爸爸从另一个屋子走出来，逗她说：“把你的秘密对爸爸讲讲，就咱俩悄悄说，不让妈妈听见。”圆圆突然发起脾气来，两只脚后跟打着沙发：“哎呀，我刚刚忘了，你又提起来，不要提这个事了，好不好？”

我看着圆圆发火的样子，走过去，揽住她，盯着她的眼睛问：“你的隐私是件让你一想就不愉快的事吗？”她想想，轻轻摇摇头。我又问：“那么，是件愉快的事吗？”她也摇摇头，有点沉重。

我说：“如果你觉得不愉快，讲出来就会没事了。”她说：“我平时也没事。要是我上课，或者是玩的时候，或者是看书的时候就想不起来。什么时候想起来了，我就赶快想别的事。”

我和她爸爸交换了一下眼色。

我拿出最轻松的口气：“咱们三个人都把自己的隐私讲出来好不好，一家人不应该有秘密。”她爸爸也来附和我的说法。圆圆看我俩的阵势，一下子从我的怀中挣脱出来，跑到离我们最远的一个角落，一边跑一边喊叫：“我不说，你们别问了！”然后受惊似的回过头看着我们。她的表情动作让我心中轻微一震，好奇心被大大地逗弄起来了。

此后一个星期，我们一直犹豫着是否有必要搞清楚女儿的“隐私”。

既害怕过分的追问伤了她的自尊心，又担心万一真有什么事需要家长帮助。我隐约感觉到，这件连父母都不能讲，但又让她在意，并且还"很大"的"隐私"是件让她沉重的事情，对她的心理有压力。我试探着又提了一次，她一觉察到我想问什么，就又立刻跑开了。这就更引起了我们的重视，我和她爸爸私下探讨了几次，总有些放心不下，就想设计个圈套，套出她的话来。

有一天，在中午饭桌上，我们随便聊天，我对圆圆说："我和你爸爸已经交换过'隐私'了。"她睁大眼睛："真的？"她看看爸爸，爸爸点点头。圆圆有些嫉妒："就你俩悄悄说，不让我知道。"我说："我们准备告诉你呢！"她眼睛一亮，兴奋而迫不及待地问我："妈妈，你的隐私是什么？"我就把自己的"隐私"讲了一遍。她爸爸在她的要求下也把自己的"隐私"讲了一遍。圆圆听完后，比较满意，似有言外之意地说："你们的隐私都是好事……"我们趁热打铁："我们一家人之间就不应该有秘密，要是我们之间都不信任，那我们还能信任谁呢，你说是不是？谁有好事，说出来大家都高兴；要是有坏事，说出来互相分担，一起解决，你说对不对？"

圆圆听出了我们的用意，嘟哝说："我要是告诉你们了，对你们也不好。"我们赶快说："我们不怕，关键是害怕你受到伤害。"她说："我不说就不会受到伤害，说了才会受到伤害。"我们问为什么，她迟疑片刻，忽然又不耐烦了："我正好这两天没想这个事，你们一说，我又想起来了……"她顿时没了胃口，剩下半碗米饭没吃就下了饭桌。这使我和她爸爸也没了胃口。

我吃完饭，没顾上洗碗，把歪在沙发上的圆圆拉起来放到膝上，严肃地对她说："妈妈觉得，你的秘密是件不好的事，妈妈特别害怕它会伤害你，你讲出来好不好？"她默默地摇摇头。我说："你只对妈妈一个人讲，不让别人知道行不行？"她爸爸赶快躲到卧室装睡，圆圆还是摇摇头。我说："你太小了，很多事情还没能力自己处理，你要是有事不对妈妈讲出来，万一这件事伤害着你怎么办，妈妈不知道就没法帮助你。"

圆圆说："说出来才伤害我呢，不说就没事。"我问："为什么呢？"她有些无可奈何地说："反正就是不能说。"边说边想从我怀中挣脱出来，我以坚决的搂抱让她感到非讲不可的逼迫，同时轻轻又威严地说："讲出来，讲给妈妈听，好不好？"

圆圆低头沉默着，心不在焉地搓弄手中的橡皮泥，看得出她内心在激烈地斗争着。我不敢吱声，静静地等着。空气绷得紧紧的，我指望这种紧迫能把她的秘密挤压出来。她用手中的橡皮泥缓解着压力，把沉默拉长；等她觉得气氛微有松弛时，就又想挣脱；我就再把她抱得紧紧的，晓以利害的话再讲一次。在我的坚持下，她几次欲言又止，眼看着要出口的话，总在要吐出的瞬间被她又犹犹豫豫地咽回去。我想不出这个小小的人到底遇到了什么事，让她这样难以开口。她的顽强让我感到惊异。

我们就这样一个回合又一个回合地僵持着，一个小时在不知不觉中过去。

邻居小孩来敲门，找她上学去。圆圆从我怀中一跃而起，边说"妈妈我要上学去"边向门口跑去。我怀里一下空了，巨大的忧虑却在瞬间充满心胸。圆圆在回头向我说再见时，一定是我眼中的什么打动了她，让她觉得不忍，在这最后的瞬间，她竟突然妥协了，说："妈妈，我晚上回来告诉你好不好？"我点点头。

她"咚咚"地往楼下跑去。我先生从卧室出来，百思不得其解："巴掌大的人，会有什么事这么神秘呢？"

我下午去学校向她的班主任了解了一下圆圆近期的在校情况，知道她在学校很好，没什么事。但我仍然担心，甚至担心这一下午会不会发生什么事。好容易等到她放学了，我观察她情绪和平时差不多，才放心些。可我自己追问的勇气却有些丧失。圆圆那种为了成全我而要做出牺牲的样子让我感到内疚，所以我没急着问她，像平时一样和她打过招呼，进了厨房。她也像平时一样打开电视看动画片。

晚饭前有点空闲时间，圆圆看完电视在玩。我把她叫到书房。她知道我要干什么，似乎有点不好意思，又有点无奈，倚在我腿边，犹豫片刻，看样子还是做了些思想斗争，终于说："那件事我记在日记本上了，你自己看吧。"

日记本上共有四篇日记，每篇都夹杂着一些拼音，那是她不会写的字。她指给我记录"隐私"的一篇，全文如下：

> 李文文告诉我她家有一把青锁剑和一把紫隐剑。她说："如果你告诉了别人，青锁剑和紫隐剑就会刺你的胃。"可我还是想告诉。

我反复看了几遍，抬起头来。

圆圆看我有些不明白，对我说："李文文说这两把剑三千年才出现一次。"我还是没听明白，问她是什么意思。圆圆告诉我，就是说，这两把剑三千年前在某个人家里，三千年后又在世界上出现，现在就在李文文家里。说完，她还加一句："李文文说这两把剑特别有神力！谁知道了都不能告诉别人，一告诉，肚子就会被刺破。"

我问："就这事？"

圆圆点头。

"再没有其他事了？"

"没有了。"她的眼神是那样纯洁而诚实。

我禁不住轻轻嘘口气，笑起来。

　　这篇日记我其实在以前无意中看到过，当时只是为女儿的天真浅浅地笑了一下，丝毫没想到这短短的文字中竟埋伏着这么大的心思。我用脸蹭蹭女儿的小脸蛋，心疼得不知该说什么。

　　这件事藏在她心里已三个多月了。小小的心既要容纳一个神奇的事实，又必须承受性命攸关的保密责任，这对一个七岁的孩子来说是多么艰难和痛苦啊！我没打算以一个大人的知识嘲笑女儿的幼稚无知，倒是真切地体味到这件事让她所受到的煎熬，特别是我们的追问和害怕神剑刺破肚子的矛盾给她造成的压力。

　　我问圆圆："你信吗？"她点点头，又说："有时候也有点不信，我就是挺害怕的……"

　　我慢慢说："李文文讲得像神话一样，但一切神话都是假的。神话只是故事，不是真实，所以我们根本不用相信，也不用担心，你说是不是？"圆圆点点头，眼睛忽闪忽闪的，在想什么，她忽然兴奋地叫起来："对，妈妈，这肯定是假的！李文文说只要我一说出口，剑马上就会刺我的肚子。已经这么长时间了，这不也没事嘛。"她摸摸肚子，又自我安慰地说："以后肯定就更没事了。"

　　我非常高兴终于让孩子放下了一个心理负担，同时也想到，由于我自己小时候太缺少童话，就总想为孩子营造一个童话世界，却忽略了童话可能招致的负面效应，看来以后得多留心，多给她补一些生活常识课，让她不要把童话世界和真实世界完全混淆。

　　我这样想着，嘴里接着圆圆的话说："来，让妈妈看看刺了胃没有？"我伸手进去抓挠她的小肚皮，圆圆笑得缩成一团。

幸福的家就是五星级宾馆

我们创造了一个孩子，不仅有责任让他长大，而且有责任让他幸福。

我们在烟台定居后，回内蒙古老家要在北京换车，一般赶不上当天的车，需要在北京住一晚。第一次走这条线回家时是春节前，圆圆五岁。

我和先生拉着圆圆的小手，拉着两只大包，在拥挤中走出北京火车站。春运高峰，真正人多如蚁。出了站，好不容易找到一小块空地，把包放在地上，商量一下该住到哪里。当时互联网还没有进入日常生活，所以没有互联网订票这回事，出门非常不容易，买车票找住处都是非常困难的事。

车站广场上有很多小旅馆的人在招揽生意，我们不敢找那些人，怕上当受骗，也怕跑得太远，想就近找个便宜又干净的旅馆，第二天上车也方便。

向四周望去，高楼森森，看得我们满眼迷惘。圆圆迫不及待地问："爸爸，我们要住哪里啊？"

在火车上我们已谈论过住哪里的问题。住又干净又容易找到的高档酒店太贵，不舍得花那个钱；住便宜的，又怕不干净；性价比合适的，这几天估计都爆满，车站附近可能也不容易找到。最后我们感叹说，要是有钱就不用这样为难了，直接找个五星级宾馆住下就行了。圆圆虽然不会参与谈话，但她能感觉出我们的为难。她三岁时有过一次住小旅馆的经历，不知为什么就感觉到不舒服，连那里的床单都不肯碰一下，得我们抱着她睡着了，才能把她放到床上。所以她此时的问话其实也充满了忧虑，小小的心也在着急。

她爸爸重新弯腰提起箱子，指着前面一幢高层豪华酒店，用夸张的口气说："走，咱们住五星级宾馆去！"圆圆惊喜，真的？看她认真了，我们笑了，赶快告诉她爸爸在开玩笑，我们还是就近找个便宜些的旅馆，凑合一晚上就行了。圆圆有些沮丧。

我们拉着箱子和她的小手，一边走一边注意哪里有合适的旅馆。路过刚才先生指的那家高档酒店时，看到门童穿戴整齐，彬彬有礼地给客人开车门，送客人进入酒店大堂，举手投足一副绅士样。圆圆眼睛里流露出羡慕的神情。我心里暗笑这个小家伙，就画个饼给她充饥，对她说：等你长大了赚好多钱，出门就住五星级宾馆好不好？这令圆圆很神往，兴奋地计划：我长大了要赚好多好多钱，天天住五星级宾馆！我和她爸爸都笑了，说："好，有钱了就天天住五星级宾馆！"

圆圆忽然想起什么，问我们："五星级宾馆里是什么样子的，有什么啊？"

我说："有很干净的床，床单被单枕套都很干净，床睡上去很舒服。"

这让圆圆有点意外："这不和咱们家一样吗？咱们家的床就是又干净又舒服。"显然这个回答没满足她。

我想想说："还有很干净的卫生间，洗脸盆和浴盆都可以放心地用，不需要像小旅馆那样不敢用它的脸盆。"

我的补充还是出乎圆圆的意料，但让她有些释然了。"咱们家的卫生间就干净，就可以放心地用……还有什么呀？"

我又想想说："有二十四小时热水，什么时间想洗澡都行。"

圆圆立即又对比："咱们家也能想洗澡就洗澡，每天都有热水！"

我笑了，是啊，怎么五星级宾馆里有的，咱们家都有呢！让我再想想。这时她爸爸接话说："五星级宾馆的房间里还有冰箱，里面放着啤酒和饮料，想喝就喝。"

圆圆一听，更惊讶了："那也和咱们家一样呀，咱们家也有冰箱，里面也有啤酒和饮料，想喝就喝。咱们家冰箱里还有好多好吃的呢……还有什么呀？"

我们再想想，也想不出什么新的东西了，就说五星级宾馆里有的差不多家里都有，也就这些了。圆圆这下完全释然了，她由衷地感叹一句："原来咱们家和五星级宾馆一样！"

我和她爸爸都笑起来。我说："真是的，以前怎么没注意呢，原来咱们家和五星级宾馆一样。"

圆圆由于这意外发现而兴奋，一脸欢喜，再也没有刚才的忧虑和羡慕的神情。她想进一步证实一下，就问爸爸："爸爸，你说咱们家是不是和五星级宾馆一样？"

她爸爸这时也一脸恍然大悟："嗯，是一样。原来咱们一直住在五星级宾馆里，我以前还不知道呢，幸亏让你发现了！"

圆圆被冻得红红的小脸蛋满是灿烂，她开心极了。这时我们走到一个门脸看起来还行的旅馆前，准备进去看看。圆圆这时看起来已很坦然了。自己天天住五星级宾馆，今天偶尔住一次小旅馆也没什么大不了的。我用刚才的话逗她说："你以后赚好多好多的钱，就可以天天住真正的五星级宾馆了，就不用来这种地方了。"

圆圆说："我不住五星级宾馆，就天天住在家里。"我问为什么，她说："咱们家就是五星级宾馆，家里还有爸爸妈妈呢。"

儿童简直就是天使，她的话是上帝教的。是啊，有什么样的豪华能比得上全家人快快乐乐在一起呢。房子有了爱才是家，一家人幸福地生活在一起，那就是置身人间天堂！

台湾著名学者傅佩荣说："人若没有一个好的家庭环境，就很难展开一个正常的生命。"[1]

所有的父母都在努力为孩子创造美好的生活，都想把家打造成孩子的幸福天堂。但有多少人把方法用错了，他们在使劲往家里搬东西的同时，不经意间把家的气氛搞坏了，让家动不动就变成了一个夫妻利益角斗场，一座冷冰冰的没有生气的宫殿。孩子本该拥有的幸福，在这样的家庭中不知流失了多少。

我认识一家人，夫妻俩都是很不错的人，丈夫事业有成，妻子漂亮能干，有一个可爱伶俐的女儿。他们的生活本该有"五星级"的舒适，但他们却把好日子过成了"小旅馆"的档次。

他们两口子之间并没有大的矛盾，彼此间也很在意对方，但就是在一些鸡毛蒜皮的小事上互相不对付，常发生争执，谁也不服输，总认为对方应该让步。在家庭经济还不太宽裕的年代，他们常常因为经济问题争吵；到家里买了轿车和两套房，物质条件已非常优越后，又因为教育孩子的观点不一样等事由争吵。总之，生活中有什么矛盾需要解决，什么就是他们争吵的原因。吵闹过后往往是冷战，一两个月不说话。产生过离婚的念头，但又没什么本质矛盾，彼此并不想真正离开，日子就一直在别别扭扭中过了下来。现在，他们人到中年，终于明白原来的争斗毫无意义，彼此关系大为改善，开始了新的生活，可孩子成长中受到的伤

1 傅佩荣，《用什么灌溉心灵》，国际文化出版社，2006年9月第1版，3页。

害却无法弥补，坏影响已无法挽回。

小女孩在这样的家庭气氛中一直生活得胆战心惊，她不知父母什么时候会吵架，变得神经质、敏感，不论在什么场合下，有谁说话声音稍高些，她就表现出惊恐。她从小就特别希望爸爸或妈妈有一方出差，因为那样家里就有几天平安了。在父母不断的争吵和冷战中，现在这个女孩已上中学，她性情忧郁，脾气暴躁，成绩不佳，不自信，让父母头疼得要命。他们现在最担心的就是孩子将来考不上大学，不能自立怎么办。他们现在更发愤地赚钱，仿佛想给孩子挣够一辈子用不完的资产。但无论赚多少钱，他们考虑到孩子的问题时都没有安全感，没有满足感。

家庭生活中当然不可能没有冲突，俗话说天下没有不吵架的夫妻，好的家庭关系并不意味着只是一团和气。

我和先生有时也会有冲突，但我们一般情况下会避开圆圆，在两人之间尽快把问题解决了。实在避不开，也要尽量克制自己，至少不让争吵吓着孩子。有时也会请圆圆出来主持公道，我们相信孩子的看法往往比较客观。我们很真诚地倾听她的看法，从孩子的视角来发现自己的问题。虽然她小时候常常"断案不公"，不自觉地偏向我，但这至少能让她爸爸意识到孩子的愿望，出于对她愿望的成全，爸爸也会主动认错。而我对她爸爸也会经常让步，如果发现他气愤得厉害，或是为了尽快结束争吵，我就会把自己的"原则"和"理由"都抛一边，主动认错，跟他和解。我们的争吵从来都是速战速决，绝不拖到第二天，不让压抑的气氛长时间地笼罩在我们的家庭里。**父母的行为让孩子看到，人与人之间有些矛盾是正常的，重要的是以何种态度解决。**

婚姻是最深刻的一种人际关系，人性的真实、文化素养、价值观、爱的能力等等，都在这样一种关系中表现得淋漓尽致。它是两个成年人合写的生命自传，是让他们最亲爱的孩子感受生活的幸福、体会生命的美丽、认识人与人之间关系的启蒙教材。

哪怕是离婚，只要理性和体面，也好过没完没了让孩子备受折磨的争吵。 哲学家弗洛姆说："当一个不幸的婚姻面临解体时，父母之间陈腐的论据是，他们不能分离，以免剥夺一个完整的家庭给孩子所带来的幸福。然而，任何深入的研究都表明，对孩子来说，家庭中紧张和不愉快的气氛，比公开的决裂更有害，因为后者至少教育孩子，人能够靠勇敢的决断，结束一种不可容忍的生活状况。"[1]

父母常常想给孩子攒更多的钱，实际上多少钱都买不来孩子的快乐。财产今天损失了，明天可以挣回来，但孩子成长中的幸福感、教育机会一旦损失了，就永远找不回来了。给孩子一个幸福的家，让孩子在生理和心理两方面都健康地成长，成为一个身心和谐发育的人，这才是父母所能给孩子最丰厚的、一生享用不完的财富。

如果说家庭状态也可以像酒店那样标注级别，没有比和谐幸福的家庭气氛级别更高的了。房子可以小一些，家具可以旧一些，电器可以少一些，但爱和亲密一定要多——幸福的家就是五星级宾馆。

我愿意把哲学家弗洛姆的另一段话引用在这里，和父母们分享：

上帝答应给亚伯拉罕及其后裔的土地（土地常常是母爱的一种象征）被描写为"到处都流动着奶和蜜"。奶是爱的第一方面的象征，是关心和肯定的象征；蜜则象征着生命的甜蜜、生活的幸福和对生命的热爱。大多数母亲都能够给予"奶"，但只有少数母亲能够给予"蜜"。为了能给孩子以蜜，一个母亲不仅必须是一个"好妈妈"，而且必须是一个幸福的母亲——母亲对孩子

1 [美] 弗洛姆，《为自己的人》，孙依依译，生活·读书·新知三联书店，1988年11月第1版，310页。

的这种影响怎么说都不夸张。母亲对生命的热爱会像她的焦虑一样感染孩子。这两种态度都对孩子的整个人格有很深的影响。的确，人们可以在孩子们以及成年人中间区别出哪些人只得到了"奶"，而哪些人则同时得到了"奶"和"蜜"。[1]

我们创造了一个孩子，不仅有责任让他长大，而且有责任让他幸福。

---

1 [美] 弗洛姆,《为自己的人》, 孙依依译, 生活·读书·新知三联书店, 1988年11月第1版, 270页。

让孩子成长得更安全些

　　安全教育不只是给孩子讲讲安全常识那么简单。儿童安全教育的第一对象是成年人，而非儿童。成年人应该知道，在保护孩子的心理安全和身体安全方面，自己应该做些什么、怎样做。

　　前些年拐卖人口的事件时有发生。我从报纸上看到一则报道，一个北京初中女生，在上学的路上遇到一个妇女向她打听一个什么事，她没听清楚这个女的问的是什么，但她内心肯定是想帮她的，就反问那妇女是什么问题。那妇女表现出焦急的样子，说一下说不清，上车再说吧，不由分说就把这个女孩推进旁边停着的一辆面包车上。结果这个女孩子被人贩子卖到河北农村，当时她才十三四岁，直到六七年后，她已二十岁才侥幸逃出来回到家中。她的同学们都风华正茂，在上大学，而她只有初中文化程度，在农村生了一个孩子，身心俱损。这件事可以说毁了这个女孩的一生，读来真是让人心痛不已。

　　分析许多儿童意外伤害事件，绝大多数是由于轻信或疏忽所致。所以安全教育工作也应该从这两方面来做。

首先是防轻信的教育。这方面最好的办法是多向孩子展示相关事件，丰富孩子的经验，即经常把相关案例讲给孩子听。像上面提到的女孩子，如果她曾在其他地方听说过类似的拐卖事例，可能就不会那样顺从地上车了。

我在带女儿的过程中，只要看到任何安全方面的事件报道，都会讲给她听。别人的经历也可以让自己获得一定的生活常识。虽然我们一直致力于让孩子感受世界是美好的，周围的人是可爱的；但我们也不失时机地把生活的另一面适当呈现给孩子，让她知道世界上也有贪婪、谎言、暴行等阴暗面。

小孩子是那样纯真，他们多半只从故事中知道有"坏蛋"这样一种人，现实生活中根本不知道这些人就可能活动在自己身边。我知道，圆圆就像所有的小朋友一样，心地纯洁，生活中很难遇到一个"坏人"，所以他们可能会以为坏蛋就是像电视上那种，一眼能看出来，从而对遇到的所有人都怀有善意，没有提防心。

生活真是最好的教材，她八岁时，我带她去上海玩，有幸见识了两个骗子，这给圆圆上了很好的一课。

我们来回都是乘火车。去的时候，对面卧铺是一个看起来体面的中年男子，他操着上海普通话，很客气地和周围几个人攀谈起来。他说他是上海某单位的办公室主任，对上海很熟。因为当时我们没预订旅馆，上海也没有认识的人，准备下车找旅馆，我就顺便向这个人打听一下住在什么地方交通方便，且能找到价格合适的旅馆。他就给我说了一个旅馆名，说又干净又便宜。我问他怎么走，他说正好和他走的方向一致，下车后可以同打一辆出租车，他把我们带过去。

我虽然心里微微有一丝担心，但看这人不像坏人，而且觉得大白天的，即使他是坏人也没什么好怕的；而对于各种骗术，我也有提防。所以就向他表示感谢，同时想人家应该就是单纯地想帮助你，自己不该随便怀疑别人。

下火车后，在出租车等候点上了一辆出租车，他坐到前面副驾位置，告诉司机去什么地方，我没听清。汽车走进闹市，越来越繁华，我也就越来越放心了。大约半小时后，他说他到了，要先下车。车一停下来，他推开车门就下车，没有再嘱咐司机往什么地方开。我赶快问他，接下来我去那个旅馆该怎么走，他用手随便往前面一指说："再走没多远就到了。"我还想再问得明白些，他已赶快关了车门，头也不回地匆匆走了。

司机问我去哪里，我告诉他那个旅馆名，司机说没听说过，他对这一带挺熟悉的，前面没有那人说的旅馆。于是我明白了，我遇到个蹭车的。

圆圆一开始没明白怎么回事，这里明明没有那个旅馆，那人为什么要说有呢。到我们终于又七弯八转地找到一个合适的旅馆住下后，她终于明白了，问我那个人是不是瞎编个旅馆名，只是想白坐车。我笑笑说，你说对了。

然后我和圆圆讨论了一下这件事，觉得这件事本身也没什么大不了的，但设想了一下这里面存在什么样更大的风险，如果遇到了应该怎么办；然后又分析我们怎样做，就可以从一开始避免这些风险，以后出门如何防范这种盲目带来的损失等等。

我当时随口说了句"难怪人们说上海人精明"。说完了，发现自己的话太极端了，非常不客观，一棍子打倒一片，会让圆圆产生"上海人不好，上海人都很不像话"的印象，把孩子也导入一种极端思维。于是我又说，哦，"精明"其实是个褒义词，真正精明的人要用他的聪明才智做好事、做大事。你看上海这么繁华，就是因为这里有很多人把精明用在正道上，用在做正事上。而这个人的行为只能叫小聪明，一辈子也就这点出息了。全国哪里都有这种耍小聪明的人，他们永远不可能成为一个地区的代表。上海也肯定好人多，你看那出租车师傅就很好是不是，这旅馆里的人也很好。圆圆听我这样说，对这件事也就释然了。

旅行的意义就是丰富见识，这件事也成为此行中我们"见识"的一部分，让我们见识到以前从未见识过的一种人，成为我们旅行内容的组成部分。所以我们一点损失没有，某种意义上说还有收获。

在安全教育上，家长应该拿捏好度，既不要让孩子轻信，也不要让孩子觉得外面的世界多么可怕，更不能进行吓唬教育。一味地散播负面信息，只能制造恐惧，让孩子们变得时时不安，并不能增加他们的安全感。

比如有的幼儿园给孩子进行性教育，讲如何"防狼"，由于老师过度夸大防范性，使得孩子回家都不敢让妈妈亲吻，也不敢让爸爸抱。这样就把教育变成破坏了。

不要让安全教育破坏儿童对世界的信任，成人在尽到保护责任的同时，要尽量为孩子营造一个让他们能无忧无虑地信任别人、信任生活、信任世界的气氛。

如果一个人总是感觉活在危机中。他的身体可能是安全的，但他的心会有很重的不安全感，这其实是变相的伤害。

在上海的一周，圆圆玩得非常高兴。走之前我们一起去火车站买车票，又遇到一件事，又上一课。

我们正在通往车站广场的一条小路上走着，路上人不多。一个小伙子从我们身边匆匆走过，匆忙赶路的样子。他从后面裤兜里取什么东西，带出一个钱包来，掉在地上，但他并没发现，还在往前赶路。我和圆圆赶快冲那小伙子喊，他好像没有听见，没回头。

　　圆圆看喊不住那小伙子，下意识地要弯腰捡起钱包追过去，我脑袋里一闪念，一下拉住她。钱包看起来厚厚的，落地的声音应该挺大，而且我们这样高声地喊他，他不应该听不到——但是，也许他真的不知道——我拉着圆圆跑几步追上他，告诉他钱包掉了，我们指指后面十多米处地上的钱包。他这才站住，看我们一眼，狠巴巴的，什么也没说，反过身拿上钱包，径直往马路对面去了。

　　圆圆被他搞蒙了，不明白他为什么连谢谢也不说。

　　我告诉圆圆，这是个真正的骗子。然后和她一起回忆我们曾在报纸上看到过的各种骗术，有的和这个类似。骗子用一只钱包作诱饵，设一个圈套在里面，等你捡了钱包，他就会用已设计好的方法，要么骗你一笔钱，要么敲诈你一笔钱。我们总结，各种骗局尽管形式不同，但万变不离其宗，那就是利用人的贪欲。

　　以前我给圆圆讲防骗都是纸上谈兵，通过这次见识，她是真正有些防骗经验了。我问她以后再遇到别人掉了东西怎么办。圆圆说那也不能不管，说不定有的人是真的丢了东西，还是要提醒他，但不能自己亲手去拿那个东西。我夸她说得对。

　　我一直担心圆圆以前没见过真骗子，会把骗子脸谱化，真遇到了也没有防范意识。现在正好，这两人外表看起来都没问题。所以我问她，一开始看到这两个人时，有没有觉得他们是骗子。她说没有。我对圆圆说，没有一个骗子或坏蛋是有标志的，他们和常人一样，甚至有时让人觉得他是好人，所以，在很多情况下，心里还是要有一定的防范意识。

　　上海之行的这两件事是一节好课。它与那几天参观游览的自然博物馆、古埃及文明展、金茂大厦、外滩等一样，都成为我们此次旅游值得记忆的内容，丰富了我们的旅行。

　　从上海回来不久发生的一件事，让我想起来又害怕又庆幸。很欣赏圆圆的悟性，也非常感激她的敏感。我想也许是上海之行真的让她学到东西了。

那天是周六，我像平时的周末一样带着她到二胡老师家学习。学完出来后，我们都想上卫生间，就如往常一样朝路过的一家宾馆走去。

那家宾馆不太大，生意总是不错，人来人往的，我们以前去过几次它的卫生间。它一楼大堂虽然不小，却没有卫生间，公共卫生间在二楼，所以我们每次去都需要跑到二楼。那个卫生间有些偏僻，但灯光很好，也挺干净。

这一天，我们走到宾馆大门口时，就觉得和平时不太一样，大门关着，里面黑黑的。推门进去，整个大堂很暗，没有灯，而且空无一人。我们惊讶地向四周看去，不知这里怎么了。再向各个方向看一遍时，才注意到角落里的一只沙发上坐着一个人，他正眼神冷漠地盯着我们。我奇怪地问他这里怎么了，他说"准备装修，不营业了"。我说我们不是来住宿，是想上趟卫生间。他冷冷地看了我们一眼，然后用手向上一指说"在上面呢"。看样子这人是在这里看门，我向他道过谢后，领着圆圆往二楼走去。

整座楼静悄悄的，楼梯也没有灯，很暗。我们刚踏上两步台阶，圆圆忽然拉住我说，妈妈别上去，咱们快离开这里！她这低低的一句话，一下点中了我心底的不安，我心里抖了一下，瞬间冒出一身冷汗，转身拉着她就往外走。我看那个人站起来在看我们，我对他微笑一下，边走边指着大门说："她爸爸在门口等着，他可能也想上厕所，我叫他进来。"

顾不上看那人什么反应，我拉着圆圆快速地往门口走，尽量把步态放平。当我们终于跨出那个大门时，才感到我们是安全的。

什么事也没发生，也许我们去了卫生间也什么事都没有。但确实是太冒险了，即使过了很长时间，我每每想到这件事，总是忍不住有些心惊胆战，而且非常自责，不知自己当时为什么那么糊涂、那么大意。同时也万分感谢我的宝贝小圆圆，一个只有八岁的孩子，居然有那样一份警觉，我从心底佩服她。

生活就是最好的课堂，每一种经历都是财富。我们要让孩子更多地感受生活的美好，也应该让他们知道生活还有阴暗面，还有危险。这样，他们才能更好地保护自己。

在儿童安全问题上，坏人固然是威胁，但"疏忽"却经常是比"坏人"更可怕的魔鬼。所以，所谓"安全教育"工作的核心，应该是成年人如何为孩子们提供一个安全的环境——受教育的第一对象不应该是孩子，而应该是成年人。

就拿近几年发生在校园里的踩踏事件来说，每个事件本来都可以避免，发生的诱因全部是成人责任心的淡薄或一时的疏忽。

纵使我们教给孩子全部防性侵知识，当孩子孤立无援地面对一个色狼时，也是无济于事的。纵使孩子把防踩踏条例背得滚瓜烂熟，也无法在蜂拥倒下的人群中不受到伤害。安全教育不只是给孩子讲讲安全常识那么简单，首要的是成人把安全工作做到位了，从社会经验及公共设施两方面保护孩子，孩子才会真正安全。

我一个朋友告诉我这样一件事，孩子所在小学可能是暑假刚对教学楼进行了装修，有一台电锯不知何故到开学时还没拉走，电锯齿轮锋利，钢板棱角尖锐，被放置在教学楼外一处偏僻的草地上。这地方平时没人去，似乎不会对孩子们形成威胁。而家长平时只是把孩子送到校门口，不进校园，所以她一开始并不知道这回事。

重返校园的孩子看到草地上多出那样一个新奇玩意儿，下课后就都跑过去摆弄这个东西。老师发现后进行了制止，警告孩子们说以后不许去那里玩，危险。但淘气也是儿童的天性，越是不让玩的东西，孩子们越想偷偷跑去玩，结果一些孩子被老师抓住罚站。我这位朋友就是从儿子被罚站这件事上，才了解到学校有这样一个隐患，于是赶快去找校长。

校长解释说施工队的人马上要来搬，她已通知他们了。但这件事拖了一个多星期才解决。其间家长多次给校长打电话，校长开始还解释，到后来生气了，训家长说，你电话打得太多了，能出什么事呢，这不是好好的吗？家长在无望中想向上一级主管部门投诉，却不知电话该打到哪里，只能一再告诉自己的孩子千万别去玩那个。结果当然令人庆幸，什么事也没发生，只能说，孩子们很幸运，这位校长也很幸运。

所有家庭或校园中的意外伤害都是某种漫不经心的后果。成年人不肯多想一点，孩子的危险就多一分。

当然，大部分校长和老师不会像这位校长一样没有责任感，不会在安全问题上如此麻痹。但校长再负责，也毕竟难以顾及太多的细小问题。尤其很多幼儿园和中小学的老师比较年轻，确实也考虑不周全。而家长在孩子的安全问题上可能想得更周到，心思更细。所以我认为，学校的安全工作如果能让家长全面参与，让家长们经常来校园里看一看，亲自参与一下孩子们的校园生活，注意观察哪些是安全隐患，安全工作就会做得更好。

同时，学校及教育行政主管部门要保证家长们看到问题后，投诉有门。我不止一次听家长们说，他们看到学校存在某种问题，不知该找谁。找校长，经常找不到，或找到了，一旦遇到校长推诿或不作为，问题就得不到解决。

所以，学校应该把分管安全的校长的电话或邮箱公布出来，让每个家长知道，让家长参与学校的安全工作，这样可大大降低管理疏忽造成的事故。

我曾参观过一所民办学校，校长年轻有为，学校办得也很好。走进教学楼，最醒目的地方就公示着校长的电话号码，以及学校各项工作负责人的姓名及电话。就这一个细节，我就知道这所学校错不了。

安全教育不只是给孩子们讲讲安全常识。常识当然也要讲，更重要的是家长和老师要知道，在保护孩子的心理安全和身体安全方面，自己应该做些什么、怎样做。

不要为了安全就去限制孩子的各种尝试，而要以细密的心思努力为孩子们提供安全的成长环境。

每年都来的圣诞老人

孩子不是为"长大"或"成功""成才"活着，孩子首先是为"童年"而活着。我们要让自己的孩子有过做天使的经历，不要让他生来只能做没翅膀的凡人。

圆圆小时候，圣诞节在我家是个重要日子，在这里它和宗教无关，只是圆圆的另一个"儿童节"。

她从两岁多开始，就年年在圣诞节早上收到一份礼物。每样东西用漂亮的包装纸包着，里面全是她喜欢的，有吃的有玩的有读的。而这些东西居然是一个从未谋面的老爷爷在半夜悄悄送来的，这真是让圆圆感到万分神奇，惊喜不已。

圆圆第一次收到礼物时，我们从画册和贺卡上找到圣诞老人的图片，告诉圆圆，就是这个老爷爷给你送礼物的，他特别喜欢你，说以后年年圣诞节要给你送礼物。圆圆既激动，又有些担心，问我们圣诞老爷爷下一个圣诞节会不会忘记过来。我们说不会，圣诞老人每年都会惦记着给小朋友送礼物，他肯定会来。

一年因为盼望而变得有些漫长，当圣诞节终于又要到来时，圆圆激动得小嘴呱嗒呱嗒地说个不停。她一次次地猜测圣诞老人今年会给她送来什么礼物。她特别想要一个穿公主裙的芭比娃娃，不知道圣诞老人的礼物里有没有这个。

她这个愿望已说了好多次了，我们就告诉她说，圣诞老人很会猜小朋友的心思，小朋友想要什么就给他送什么，看看他能不能猜中你的想法。

圆圆还担心外面没下雪，圣诞老人的雪橇怎么走呢？我们告诉她，如果没有雪，圣诞老人的雪橇就在白云和空气上飞行，让她不用为此担心。

到了睡觉的时间，圆圆说她不想睡，要等圣诞老人到来。我们对她说圣诞老人看哪个小朋友睡着了，才去给他送礼物。于是圆圆乖乖地躺下了，却有些睡不着，这么小的孩子头一次为一件事有些失眠了。

我们尽量不再刺激她，少和她说话，让她安静下来。到她终于睡着后，赶快拿出几张漂亮的包装纸，把东西一样样地包好，有的还要扎上绸带，然后把它们摆到她醒来后一眼就能看到的地方。

可以想象圆圆早上起来看到礼物有多么兴奋，圣诞老人真的又来了！

小姑娘是那样急于知道老爷爷今年给她送些什么东西，拿起每样礼物，又不舍得马上撕开包装纸，先摇一摇听一听，猜测里面是什么东西，让我们也猜，然后再小心地打开包装。她似乎用这种方法延长着这种神奇的感觉。

礼物一样样打开，都是她喜欢的东西。当穿公主裙的芭比娃娃出现时，小女孩的快乐真是难以言表。她小小的心里一定在暗叹圣诞老人的神奇，没见过她，却知道她最想要什么。

每年圣诞老人送来的礼物总有五六种，都合她的心意，欢喜之余，圆圆总是惊奇不已地问我们："圣诞老人怎么知道我喜欢这个？"我们就一再解释说："可能是你对爸爸妈妈说的时候，被他听到了。"

圆圆对圣诞节早晨的喜爱，超过了我和先生小时候对春节早晨的钟爱。我们小时候最盼望的是春节早上穿新衣吃饺子放鞭炮，但妈妈给做了什么新衣、吃什么、玩什么都早已知道。我们只是很享受这些东西。可圆圆的圣诞节早上却是个充满悬念、谜底终于揭开、惊喜连连的时刻。所以，在上幼儿园的几年里，圆圆真是掰着手指头从年头盼到年尾，盼星星盼月亮地等着圣诞节的到来。这一天远比儿童节和春节让她兴奋和期待。

让圆圆好长时间都觉得蹊跷的一件事是：为什么幼儿园别的小朋友都没收到礼物，圣诞老人为什么不给他们送礼物呢？我们就告诉她，爸爸妈妈经常在心里对圣诞老人说："小圆圆是这么可爱的一个孩子，请你每年不要忘了来给她送礼物。"然后告诉她，你去告诉别的小朋友，让他们回去告诉家长，也这样经常在心里和圣诞老人说话，圣诞老人听到了，他们就也会收到礼物了。

家长稍稍花一些心思和时间，就可以让孩子有不同凡响的经历，让他的生活和世界焕发出奇异的光彩。儿童是天使，只有在天使的世界里，圣诞老人才千真万确地存在；等他长大了，变成了凡人，圣诞老人就消失了，再也不来了。

孩子不是为"长大"或"成功""成才"活着，孩子首先是为"童年"而活着。我们要让自己的孩子有过做天使的经历，不要让他生来只能做没翅膀的凡人。

每次圣诞老人来过后，我和先生就会紧接着考虑"他"下次来该带什么礼物了。我们留心孩子的每一个愿望，关注她想要什么；平时到商场或什么地方也注意有没有可用来做圣诞礼物的东西，合适的东西看到了就随时买下来。但拿回家不让圆圆看到，先把东西藏起来。有时圆圆想买什么东西，我们就借口没时间逛商店，是不是可以等到元旦放假时再出去买；或是借口某个东西有些贵，要不要再到别处看看，比较了价格再买。结果没等我们去买，圣诞老人就给送来了。

在圆圆的眼里，这个老爷爷一定好极了，他的能耐也大极了。

有一年圆圆在玩耍时说到芭比娃娃没有男朋友，想给她找个男朋友。我领着圆圆几次到卖玩具的地方看，一直没能找到一个男芭比。

圣诞节快要到了，我买了一个面相看起来英俊的女芭比，回家后把娃娃的头发剪短，做了一顶帽子和一身男装，配一双长筒靴，这个"她"就变成了"他"。当然，这些改造工作都是在圆圆睡觉以后做的，她一点儿不知道。

到圣诞节早上，芭比公主的"男朋友"出现时，圆圆真是高兴坏了。她没想到自己想买而买不到的东西，圣诞老人居然给送来了。

不过，她很快发现，"男朋友"帽子的布料和她的一条旧裙子的布料一样，他的衣服和裤子的面料也和妈妈刚在缝纫店做的一条棕色裙子的面料一样。我也假装惊讶地说："是啊，怎么这么巧呢！"

我知道总会有越来越多的线索向她提示圣诞老人是谁，但无所谓，让她该知道的时候再去知道吧。

事实上，圆圆稍大一些时，对圣诞老人的真实性就有了怀疑。

她在幼儿园大班那年，收到礼物后又高兴地去问别的小朋友收到没有。她很奇怪自己都教过别的小朋友回家告诉父母，让他们的父母也经常在心里对圣诞老人说话，怎么圣诞老人还是没给他们送东西呢？结果幼儿园老师告诉她："根本就没有圣诞老人，那是你妈骗你呢。"圆圆说："不是，我妈妈从来不骗我！"她回家后还气愤不已，问我到底有没有圣诞老人，我说有啊，他不是年年都来给你送东西吗，妈妈和爸爸怎么可能半夜去买东西呢？

一个人的童年是多么短暂啊，我多么想延长她的快乐，不愿意她早早失去一个童话世界。

圆圆虽然从我这里得到证实，有些放心了，但事实上从那时起，她可能就对这事起了疑心。后来又问过几次，我们一直想办法不说透。到她上小学后，可能已经意识到圣诞老人是虚构的，就再也不问到底有没有圣诞老人了。

那以后，我们也慢慢放松了警觉，说话随意起来。记得她上小学二年级时，圣诞节收到一个很漂亮的穿着宫廷华服的洋娃娃，我看她很喜欢，也一时得意，就对她说：这个娃娃这么漂亮才八十块钱，百货大楼那个还没这个好，卖一百二十块钱，小店的东西看来还是便宜。

我突然发觉说漏了嘴，有点不好意思。圆圆不揭穿，只是笑笑说："圣诞老人还到各个商店转悠，比较价格呢。"

圣诞节的奇迹是如何发生的，即使后来圆圆已心知肚明，我们也一直没有正面说过这个事。"圣诞老人"是我们共同的享受，是我们共同的梦，所以它是我们要共同守护的秘密。

她九岁时，我假期带她回姥姥家。有天上午我正在卫生间洗头发，听到圆圆拿着什么东西对姥姥说："这是圣诞老人送我的。"姥姥逗她说："这圣诞老人年年给你送东西，他到底在哪里呢？"圆圆顿了一下说："正在卫生间洗头发呢。"全家人都笑了。

孩子总要长大，童话总要消失。圣诞老人虽然和童年一起慢慢远去了，但我们仍然愿意延续这份快乐。

中学几年，圆圆越来越成熟了，我们依旧会在每年的圣诞节送给她一些礼物。当然不能像小时候那样送"小儿科"的东西了，而是开始送一些"含金量"高的东西，比如 CD 机、衣服等。仍然习惯于把这些东西称作是"圣诞老人送的礼物"。如果圣诞节不在周末，我们就把"圣诞节的早晨"改在离节日最近的一个周末早上，只提前不推后，无论如何，都要让孩子每年有个惊喜的时刻。

　　"圣诞老人"每年都来的意义不在于礼物本身，而在于这份惊喜，惊喜是另一层更有价值的享受。

　　十几年里，只有一次，好像是圆圆小学五年级那一次，我和她爸爸那一段工作特别忙，没来得及给她买礼物，就在周末带她出去玩，并给她一些钱，让她替圣诞老人给自己买些礼物。东西没少买，圆圆长大后回忆说，那是她觉得最没意思的一次圣诞节。虽然花一样的钱，买一样的东西，方式不一样，带来的快乐就不一样。

　　圆圆小时候经常给我们讲她梦到什么，她的梦一直都是童话一样，非常美妙，我后悔没有记录下来。美丽的梦一方面来源于她从书上读到的那些童话，另一方面也可能是圣诞老爷爷带来的吧。**一个经常做美梦的孩子，她的童年应该很幸福吧。**

　　每年都来的圣诞老人，不仅让圆圆的童年过得不一般，也让她更深地感受到了父母的爱，并且教给她如何给别人带来快乐和惊喜。她的好朋友过生日时，她总会很认真地挑选礼品。圆圆偶尔也会制造点浪漫小情调，给我和她爸爸送上点惊喜。

　　在我四十岁生日那天，圆圆早晨上学时说她今天不想骑车了，要坐公交车去，我们当时不理解，觉得坐公交车又费时间又费力气的，干吗要为难自己。结果晚上放学时，她带回一大把康乃馨。原来她那个自行车没车筐，她乘公交车是为方便拿那把花。我和先生那天都忘了过生日这回事，幸亏她提醒了我们。

　　她上大学后，我问她还要不要圣诞礼物了，她说要。我问她长到多大就不要了，她说"八十岁"。我们都笑了。看来，圣诞老人且得一趟又一趟从北极大老远地跑来呢！

成人仪式写给女儿的信

　　2006 年 12 月 29 日，圆圆所在的中学举行"十八岁成人仪式"。学校提前给家长布置了一个作业：给孩子写一封信。在仪式上由孩子自己拆开。下面是我们写给圆圆的信。

亲爱的孩子：

　　感谢学校提供了这样一个机会，让我们有机会用写信这样一种方式和你说话。

　　面对这样一个主题，拿起笔时，我们无法不感到微微的惊讶——那个 1991 年出生的小婴儿，仿佛是一眨眼间就"成人"了。尽管从你出生起我们就一直朝夕相处，我们看着你一天天长大，从你会笑、会翻身、喊出妈妈爸爸、学走路、上小学、进入中学……所有你的成长，我们都亲眼一样样见证，但你已"长大成人"这个事实仍然让我们惊叹不已！

　　在写这封信前，爸爸妈妈先商量了一下要写些什么，我们竟不约而同地首先想到的是对你的欣赏。宝贝，这真是我们非常想对你说的：我们欣赏你！

　　你从小就那么聪明懂事。在我们的记忆中，你几乎从来不哭，小嘴像喇叭花似的经常乐。你像一个小诗人一样，当妈妈在炎热的夏天带两岁的你走过一片树荫时，你说"我们戴上了大树草帽"。一根香蕉在三岁的你的眼里，一会儿是小船、小桥、月亮，一会儿又是发箍、长鼻子和大嘴巴。幼儿园体检时别的孩子因为怕打针哭成一堆，只有你一人对护士说："阿姨，我不哭。"

你才七岁时就能忍住美食的诱惑，把唯一的一块蛋糕自觉地让给来家里做客的小弟弟。还是小学生的你对安全的认知比妈妈还敏感，提醒妈妈避开了可能的危险……你有太多有趣的事值得我们回味了。

你经常和爸爸开玩笑，各自拍着自己的肚子说"满腹经纶"，然后拍着对方的肚子说"一包屎"，乐得哈哈大笑。平时你却毫无自大之态，尽管你从小学到中学一直表现得优秀，但你从来不认为自己有什么比别人了不起的地方，这也恰恰是我们欣赏的一点：谦和。你的谦和真是骨子里长成的，一点也不是做姿态。我们也因此欣慰，相信你将来的发展空间会很大。

你现在只有十六岁，在时间上还需两年才到十八岁，但你的价值观、做事的方式、思维水平、判断能力等如此成熟，具有超越年龄的高度和宽度，这让我们不得不佩服。我和爸爸会经常就一些问题征求你的看法，这种征求也是出自真心，因为你总是分析得很大气。这让我们认识到，成熟不仅仅是年龄的增长，也是美德的积累。

"成人仪式"是一个了不起的标志，标志着你的翅膀已经坚硬，可以独自飞向蓝天，能够自由翱翔了。以前你是在家庭与学校的呵护下生活，今后就要更多地独自面对自己，做一个更加独立的人。并从这里开始，逐渐为家庭分担责任，对社会做出贡献。这个日子，是对你以前所有时光的赞美，更是对今后岁月的深深祝福。

祝福你，我们的宝贝！爸爸和妈妈希望长大成人的你，在未来的生活中首先要做好人，做一个善良、宽容、正派的人，这些品质是翅膀，也是最好的护身符；其次希望你学会解决生活中的各种矛盾和不快，遇事不要太计较，让自己生活得快乐；再次，希望你有好的生活习惯，安排好学习、生活、娱乐等几方面，适当参加体育运动，保证身体健康。

对你的希望很多，在这里只写这几条吧。

最后要说的是，在这样一个仪式中，你要感谢你遇到的所有的人和事，父母、老师、同学、好友，以及学校、社会——是这一切成全了可爱的你。

爸爸妈妈在这里也特别想对你说一声：谢谢你，我们的宝贝，谢谢你给我们带来这么多幸福和快乐！

"成人节"愉快！

爸爸
妈妈

2006-12-22

第三章

做"听话"的父母

多年来人们习惯于要求孩子"听话",这仿佛是为了孩子好,但深入分析,就可看到这是成人与孩子间的不平等。一个没有机会进行自我掌控的孩子,不可能学会自我控制。

做"听话"的父母

　　无论家长如何声称爱自己的孩子，如果经常向孩子提出"听话"要求，并总是要求孩子服从自己，他骨子里就是个权威主义者。这样的人几乎从不怀疑自己，他潜意识中从未和孩子真正平等过。在孩子眼中，他们只不过是些"不听话"的家长。

　　要求孩子"听话"在我们的生活中是件再普通不过的事。听不听话，乖不乖，已成为人们评价孩子的一个简易标准。但在我们家，也许是我和先生一直有一种意识，我们几乎没有对圆圆使用过"听话"这个词，相反，我们倒是更愿做"听话"的父母。这在一些人看来，我们是对孩子太溺爱了。

　　圆圆大约两岁时，有一次我和一个亲戚带她到天安门广场玩。往公交车站走时要过一个天桥。圆圆上天桥时不走台阶，要走两侧固定栏杆的那个只有十厘米宽的水泥底座，她总是喜欢这样"独辟蹊径"。亲戚说，咱不走那个，走台阶好不好，赶快去坐公交车。圆圆不听。我对亲戚说，不用管她，她想那样走就让她那样。

　　圆圆两只小手抓着栏杆，慢慢地一点点往上移，我在旁边护着她，提防她摔下来。

这时，又过来一个比她稍大些的小男孩，看圆圆那样子，就也要从另一侧沿着栏杆走，他妈妈说："好好走路，听话！"强行把孩子拉走了。

圆圆很费力地终于爬上了天桥，非常兴奋，还想沿着栏杆从桥这头走到那头。亲戚说："圆圆乖，咱也像那个孩子那样听话，不走这里了，好吗？"我顾及亲戚的情绪，也对圆圆说："下来走吧，咱们快点走好不好，这样太慢了。"圆圆说不，又抓住栏杆，一步步往前挪。我看她其乐无穷的样子，也就不管她了。

终于过了桥面，该往下走了，她还是要好奇地尝试一下沿栏杆往下走的感觉。走了一半可能是没新鲜感了，也觉得确实不方便，才下来。

过这个天桥，本来一分钟就可过去，现在花去大概有十分钟的时间。我能感觉出亲戚在旁边的不耐烦。她笑着对我说："你真是好脾气，孩子这么不听话，你还那么有耐心，我看你总是听孩子的，她说要干什么你就让她干什么。"

我非常理解亲戚，她当时还没孩子，不知道每个小孩子都是"不听话"的。我在心里向她说抱歉，但我不会干涉圆圆。在成人利益和孩子利益间，我首先要选择孩子的利益，哪怕当时领的不是我的女儿，是她的孩子，我也愿意陪孩子慢慢过天桥——我们本来就是带孩子出来玩，为什么一定要把去天安门广场看作是有意义的，把过天桥看作是没意义的，孩子在哪里玩不是玩呢？也许在圆圆眼里，天桥比广场还有趣得多。

我和圆圆爸爸作为父母的"听话"在别人看来有时候做得过火。圆圆十二岁时的春节，我们开车八小时从北京回内蒙古过年。北京各单位都是春节后初十上班，所以我们计划初八返京，这样可以在初九休息一天。吃过早饭后，父母给带的各种老家特产都装到车上，我们拎起大包小包准备走了，圆圆磨蹭着穿衣服，不情愿的样子，说在奶奶家待那么多天，在姥姥家才待两天，没和两个姐姐玩够。她和两个小姐姐难舍难分，看样子都要哭了。

我和她爸爸考虑晚回去一天也没什么大不了，只是我们回北京没有休整时间了，头天下午回去第二天马上就要上班。看孩子那么不想走，就顺着她吧，于是决定当天不走了，脱了衣服，把已搬到车上的东西又拿回来。三个孩子高兴得跳起来。圆圆姥姥担心我们开长途车，头天回去第二天马上上班会太累，觉得我们太纵容孩子了。

但我们这种"纵容"并没有把圆圆惯成一个唯我独尊的人，恰恰相反，她非常善解人意，凡见过圆圆的人都说她既懂事又稳重，对别人非常体贴。

她确实越来越显现出各种好品质。我们真心地尊重她的想法，尤其她逐渐长大、变得越来越懂事后，我们有什么问题不知如何解决时，就会和她商量，听取她的意见，在她面前真正变成"听话"的家长。

作为家长，我们当然不是件件事都"听话"，在圆圆的成长中也跟她发生过一些冲突。但现在想来，几乎所有的冲突都反映了家长的问题，都显现了家长对孩子的不理解或解决问题方式的不得当，都是没有认真"听话"的后果。

圆圆大约四五岁时，我和朋友小于带着圆圆和小于的小女儿暄暄到老虎山公园玩。我们沿一条小土路往山上走，两个小女孩跑在前面，她们都穿着漂亮的衣服，干干净净的。我和小于跟在后面，一边聊天一边关照着前面这两个让人赏心悦目的小姑娘。

她俩走着走着，突然都四肢着地、手膝并用地在土路上爬。我和小于看到了，都赶快喊她们起来。她们不听，还在那样爬，我们就跑过去，把她们都拉起来，给她们拍拍土，批评她们把衣服弄脏了。两个小姑娘都显得不高兴。

　　这件事像生活中的任何一件小事一样，我转眼间就忘了。直到几年以后，圆圆小学四五年级时，她有一次批评我不好好理解她，忽然提起这件事。

　　圆圆说那好像是她第一次爬山，她当时和暄暄在前面走着走着就觉得很好奇：这明明是在往山上走嘛，为什么叫"爬山"呢？她们觉得"爬"这个词好玩，为了让自己真正"爬山"，决定四肢着地爬一爬。结果她们刚开始"爬"，我们就在后面叫起来，弄得她们很扫兴。

　　我听圆圆这样说，才想起好像有这么回事。我又心疼又后悔地问圆圆："你当时为什么不说出你们的想法呢？要是妈妈知道你们是这样想的，肯定不会阻拦了，你们的想法多可爱啊。"圆圆说："当时我们那么小，心里那样想，可嘴上一下子说不出来。你们要是慢慢地问我们为什么要那样做，也许我们能讲出来。"圆圆接着批评说，大人就是经常不动脑筋，瞎指挥小孩，还总是怪小孩不听话。

　　圆圆的批评让我心服口服，是啊，爬山为什么不可以"爬"呢？"爬"是多么趣味横生的一件事啊！衣服脏了可以洗，磨破了也没什么大不了。就为了怕弄脏衣服这微不足道的理由，就把孩子这样一次充满乐趣的尝试给破坏了，真是失误啊！

　　这种失误有多少，我都有些不好意思去想。假如时光重走一遍，我一定会做得更好些，绝不那样武断地对待孩子。

　　儿童的意识发育和语言表达能力常常不同步，很多东西想到了，但说不出来，或者是说出来的和他们的本意有很大的距离。他们用得最多的表达方式是听话或不听话，顺从或反抗，欢笑或哭泣。大人不要简单地认为前者好，后者不好，不要不分青红皂白地让孩子"听话"。一定要从他们的各种表达中，听出孩子的心声，还要想办法引导他们用语言把自己的想法讲出来。

我想起圆圆三岁半时的一件事。

那时她爸爸在外地工作，几个月回来一次。她很想爸爸，总是问爸爸什么时候回来，为什么隔壁小朋友小哲的爸爸就不到外地工作。

当时电视里正播一部叫《只要你过得比我好》的连续剧，讲的是中国北京 SOS 儿童村一位妈妈悉心照料几个孤儿，和一位男士相恋但不能走到一起的故事。圆圆也跟着我断断续续地看了一些。

有一天的电视剧情是：孩子们不听话，把妈妈气得离家出走了，几个孩子没人管，吃不上饭，又饿又想妈妈，好可怜。圆圆似乎很注意看这一集。

看完后，该睡觉了，我让她先喝点水，再去刷牙。她既不接水杯，也不理睬我的话，而是就电视剧里的情节不停地问，我听出她是想知道为什么妈妈要离家出走，为什么不要她的孩子们了，妈妈还回不回来。我被她问烦了，说别问了，快喝了水睡觉吧。圆圆勉强接过水杯，欲言又止，突然大哭起来。

她平时很少哭，这让我大吃一惊，以为她是替电视剧里的几个孩子着急，就赶快告诉她，他们的妈妈肯定会回来，明天再看电视，肯定就回来了。圆圆哭声并没减弱，看来她想的不是这个。

我确信她不是因为肚子痛一类的身体原因哭，就问她："宝宝你为什么哭，讲出来好吗？"我给她擦擦泪，又问了几次，她才一边哭一边说："他们的爸爸哪儿去了？"我抱起她说："宝宝不哭，你是不是想爸爸了，爸爸下个月回来，明天我们就给爸爸打电话好不好？"她边哭边摇头。看来她要的也不是这个回答。

我非常奇怪，亲亲她的脸蛋，鼓励她讲出原因来。她可能想讲，努力让自己停止哭泣，又讲不出来，有些着急的样子。

我就换个问法："你是不是想让妈妈做什么事，宝宝讲出来，妈妈就去做，好不好？"圆圆点点头，又很费劲地想想说："妈妈咱们换个房子，这个房子不好。"说完又大哭起来。

她的话让我摸不着头脑，圆圆看起来又委屈又惶惑。我问她为什么要换房子，她哭得上气不接下气地说："这个房子不好，我要换房子。"

我不知这个小家伙心里想什么，找毛巾给她擦擦脸，哄她不哭，让她说出来想换个什么样的房子。圆圆努力停住哭，看样子很想回答我，又说不出来，吭吭哧哧地干着急。

我想了一下，问她："你是不是不喜欢我们的房子？"她点点头。这真是把我搞糊涂了，我们的房子她怎么会突然不喜欢呢，一定有另外的原因。我又小心地问她："宝宝，你是不是不喜欢我们房子里的什么东西？你不喜欢什么，告诉妈妈好吗？"

圆圆想想，一下又哭起来，边哭边说："不要电视里那样的，不要大红盆的房子，妈妈咱们换房子！"我问她什么叫"大红盆的房子"，她边哭边往下面看去，用手指指地上放玩具的红色塑料盆。

我一下明白了。

电视剧里有个叫亚亚的小女孩，也是三四岁的样子，她的玩具被收在一个红色塑料大盆中。亚亚的玩具盆恰好和圆圆装玩具的盆一模一样。那个红色塑料盆多次在镜头里出现，我还专门指给圆圆看，说她和亚亚一样，都有那样一大盆玩具。她今天看到亚亚没有妈妈了，变得那么可怜，而她又不能完全理解剧情的前因后果，小小的心可能有这样的推理——有那样大红盆的房子，爸爸就会不在家，妈妈就会离家出走——所以她担忧极了。

我通过问话，引导她慢慢把想法说出来，果然是这个原因。

我就用她能听懂的话安慰她，终于使她相信，妈妈永远都不会离家出走，爸爸以后也会每天和她生活在一起，这些和大红盆没有任何关系。

圆圆放下担忧后，愉快地睡着了。我看着她熟睡中恬静的小脸，觉得听懂孩子的心思太重要了。假如我在她大哭时不去想办法了解她的小心思，不去理解她想说什么，胡乱地哄几句，或是生气地训斥两句，孩子的心结解不开，她会苦恼和不安多长时间啊！

生活中确实经常能见到一些真正"不听话"的孩子。

有一次和几个朋友一起吃饭，一位妈妈带来一个七八岁的小男孩。菜都上来了，大家正准备动筷子，小男孩突然要求妈妈带他到外面买一个什么玩具，妈妈说想买也得吃完饭再去吧。孩子不干，要立即走，不停地缠磨妈妈，和妈妈闹起了别扭，弄得大家都不安宁。

这孩子看起来确实是妈妈说的"特别不听话"，他似乎根本不能理解或体谅任何人。大家用各种办法劝说他等到吃完饭再去买，想逗他高兴，希望他吃点饭，他就是一口不吃，一句劝不听。妈妈不再理他，告诉大家也甭理他。

后来有个叔叔逗他说要跟他"干杯"，顺手拿过一罐可乐递给孩子，男孩接过来，看样子准备妥协了。正待孩子要打开可乐罐时，他妈妈赶快阻拦说别喝可乐，喝杏仁露吧。孩子说他要喝可乐，妈妈一把抢走可乐，递过来一罐杏仁露说，喝这个好。孩子不干，生气地说："你从来都不让我喝可乐，天天光让我喝酸奶和杏仁露！"妈妈说："给你讲过多少次，可乐没营养，喝那干吗呢！"

旁边有人劝妈妈说，要不今天破例一次，让孩子喝一次可乐，少喝一点。妈妈的表情没有任何商量余地，说不能由着小孩的性子来，可乐绝对一口都不能喝。"啪"地把杏仁露打开，倒一杯放到孩子面前说："听话，喝这个！"孩子又气哼哼地拒绝吃喝。

我心里感叹，有这么"不听话"的妈妈，儿子能"听话"才怪呢！

家长是孩子第一个且最重要的榜样。如果家长在任何事上都想说服孩子按大人的想法来做，整天要求孩子服从自己，就教会孩子在无意识

间也用同样的方法对待他人。幼小的孩子很快学会一套绑架家长的做法，"不听话"就是他们惯用的绳索，消极但有效。这种事件积累得太多，会形成极端心理，发展为一种偏执。

教育中许多看似司空见惯的做法，背后其实有很多人们看不到的错误。多年来人们习惯于要求孩子"听话"，这仿佛是为了孩子好，但深入分析，就可看到这是成人与孩子间的不平等。并非父母们不愿平等地对待孩子，而是不容易对自己的权威意识产生警觉，不曾意识到自己在孩子面前扮演了权威的角色。

哲学家弗洛姆对权威主义伦理学充满批判，认为它所主张的就是："服从是最大的善，不服从是最大的恶。在权威主义伦理学中，不可宽恕的罪行就是反抗。"[1]

无论家长如何声称爱自己的孩子，如果经常向孩子提出"听话"要求，并总是要求孩子服从自己，他骨子里就是个权威主义者。这样的人几乎从不怀疑自己，他潜意识中从未和孩子真正平等过。在孩子眼中，他们只不过是些"不听话"的家长。

基本可以肯定的是，凡是那些非常自以为是、性格偏执的人，他的童年中一定有一段较长的必须服从于他人意志的生活，个人的意愿不断受到压抑。这是童年时代环境给他留下的心理创伤，一生难以完全愈合。很多人把这种偏执施行于自己的后代身上，又在后代身上留下偏执痕迹。

做"听话"的家长不是对孩子言听计从。卢梭说："当儿童活动的时候，不要教他怎样地服从人；同时，在你给他做事的时候，也不要让他学

1　[美]弗洛姆，《为自己的人》，孙依依译，生活·读书·新知三联书店，1988年11月第1版，32页。

会役使人。要让他在他的行动和你的行动中，都同样感到有他的自由。"[1]
用本文的话语来表述，就是家长和孩子都不要去控制对方，都要做"听话"的人。而家长作为强势者和主导方，是局面的开创者——想有个听话的好孩子，一定要记住：在孩子面前首先做个"听话"的家长。

1 [法]卢梭,《爱弥儿》,李平沤译,人民教育出版社,2001年5月第2版,80页。

家长挪开，让孩子来做主角

我发现，和孩子进行角色置换，给孩子赋权，是非常有效的一种方法，可以促进孩子去做一些他平时不愿做或做不好的事情。

在我女儿圆圆大约三四岁时，我希望她能学会自己收拾玩具。开始时，我就是很直接地告诉她玩具玩过后要自己收起来。但她总是收得丢三落四的，我就得不断提醒她，这里还有一个没收拾，那个也要收起来。结果弄得她对收玩具这件事很抵触，越来越不愿意收。

意识到这是个问题后，我开始想办法。

有一天，我对圆圆说，以前都是妈妈指挥你收玩具，今天你指挥妈妈，让妈妈来收拾好不好？她一听，非常乐意，立即就有大权在握的感觉，不由自主地四处看去，观察哪些东西要收起来。

我模仿她平时的样子，只把放在眼前的几样东西收起来，然后就说收好了。圆圆作为监管者，眼里开始有活儿了，不知不觉地像我平时那样，告诉我这里有一个没收，那里有一个也需要收起来。我乖乖地听她的指挥，一趟又一趟地跑着，直到她认为东西都已收好。

其实有几个小玩具还没收起来，但她没注意到，我也假装没看见。如果我这时对孩子说"还有几个没收拾好，你再指挥妈妈收起来"，这样就又变成了我指挥她，主次颠倒了，会起反作用，降低孩子的成就感。

玩具收好后，我俩都很开心，晚上接到在外地出差的爸爸的电话，我故意把这件事讲给爸爸听，告诉爸爸说圆圆今天指导妈妈收拾玩具，收拾得很利落。爸爸在电话中表扬了圆圆。

接下来一次收拾玩具，还是她做监工，我动手。把玩具收好后，我说，宝宝指挥得这么好，玩具收得这么干净，家还有一点乱，要不你再指挥妈妈收拾一下屋子？

圆圆本来还意犹未尽，听我这样说，又来劲了，四下看看，告诉我把扔在地上的沙发靠垫放到沙发上，再告诉我把茶几上的水杯送到厨房，然后告诉我把沙发上的衣服挂起来……

屋子很快就显得干净整洁，我愉快地环顾四周，对圆圆说，宝宝指挥得这么好，屋子一下子就干净了。圆圆也能感觉出屋子前后大不一样，非常有成就感。

接下来几次收拾屋子，都是圆圆指挥，我跑腿。她观察得明显比前面细致，指挥得越来越好。

但我知道不能一直这样下去，所以再一次干完活儿后，对她说，以前是妈妈指挥你干活儿，这几次是你指挥妈妈干活儿，以后这样吧，咱俩轮流着做指挥，你说好不好？圆圆说好，所以我在接下来几次收拾东西时，和她互换角色，一会儿做指挥，一会儿做干活儿的。我在干活儿时，故意说我要做到最好，让她这指挥官没事干。所以到她干活儿时，也力求做到最好。非常明显，她眼里有活儿了，知道哪些东西应该收起来，尽心尽力地做，而不像从前只是胡乱应付。

我在扮演干活儿者时，有意疏漏，给她留点指挥的余地；当我扮演指挥者时，既做出严格监督的样子，又睁只眼闭只眼，不让她感觉到难为情。总之，**我尽量体谅她作为一个幼儿的能力，不苛求；同时又让她有成就感，体会到干家务并不是件复杂的事。**

反串小监工的游戏我们没有一直玩，玩过一段时间后，不了了之。主要是圆圆没兴趣了，我也懒得坚持，所以圆圆并没有就此养成天天主动收玩具的习惯。但我相信她已有收获，这之后，她再去收拾玩具，或收拾屋子，能力明显见长，我觉得这就够了。

圆圆只是在幼儿园和小学时，被我这样设圈套做了一些家务，上中学后就没再做家务。因为她时间明显不够用，除了学功课，还要阅读、玩游戏、练琴等，我根本不忍心再用家务去瓜分她的时间。

做家务是件简单的事，只要孩子不厌恶，到该做的时候，自然就会做了。她高考完后，我招呼她和我一起做饭，发现她动手能力很强，第一次切土豆丝，虽然有些笨拙，但切得又细又匀，比我切得还好。虽然从目前来看，圆圆不是做家务高手，但独立打理自己的生活已不成问题，我作为家长，对此已非常知足了。

在这里顺带想要强调的是，孩子做家务这件事很简单，有必要但不重要。孩子想做就做点，不想做就不做。如果你希望孩子学习做些家务，就要想办法让他"想做"，唤起他做的兴趣，而不能逼迫他去做。

在做家务方面，现在家长们有两个不良处理：一是强行给孩子分配任务，不做不行。比如规定必须自己洗袜子洗内裤，必须自己收拾玩具等，这会让孩子有被奴役感。二是大包大揽，什么都不让孩子做。即使偶尔让孩子做点什么，也是大人全程参与，不停地指点，不停地帮忙，甚至会加几句"你就是什么都不会干"之类的数落，直接或变相地剥夺孩子的自理能力。

不强迫也不包办，一切顺其自然，需要引导时想办法让孩子既做得愉快又有被尊重的感觉，这会让他不仅得到学习机会，也能收获自信。

下面一个案例也很好。

我的一个远亲，有个可爱的女儿叫小豆。小豆四岁时，父母带着小豆及奶奶一起回了趟老家。返程时，奶奶因为一些事情暂时走不了，要在老家多耽搁十天左右，这样小豆就需要留下来和奶奶一起走。因为父母要上班，早晚没时间接送她上幼儿园。

小豆之前从没离开过父母，一听要把她和奶奶留下，不愿意，任凭父母把道理给她讲了一遍又一遍，就是不干。奶奶私下建议豆爸豆妈偷偷走，认为孩子哭上半天就没事了，但豆妈豆爸不忍心，不愿意那样做。小两口商量后，决定改变策略来给孩子做思想工作。

临走的前一天，豆妈豆爸故意在孩子面前做出愁眉苦脸的样子，引起小豆豆的注意。豆爸像对一个大人说话一样，郑重其事地对小豆说："爸爸妈妈遇到一件困难的事情，不知道该怎么办。"小豆问怎么了。

爸爸说，我和你妈妈跟公司请假只请到明天，明天回去，后天必须上班。不过，现在看来回去也不能上班，因为我们要接送你去幼儿园。到十天以后爷爷奶奶回去了，我们才能上班。不过，到那时候，好多工作已经耽误得完不成了，老板肯定要训斥我们，工资也要被扣掉很多，我们还担心工作也会丢掉。唉，这可怎么办呢？

小豆有些同情地看着爸爸妈妈。妈妈也唉声叹气地说，这可怎么办呢？得赶快想个办法啊！小豆边说还边眨巴着眼睛，像个小大人似的在帮父母想主意。

片刻后，豆爸像忽然想起什么好主意，对小豆豆说：爸爸想来想去，觉得有一个办法能够解决这个问题，不知你同意不同意？

小豆豆一听，催促着爸爸赶快说。

豆爸慢慢地讲道：我想到的好办法是这样的，爸爸妈妈先回去上班，你和奶奶在这里再住几天，这样我们的工作就能按时完成，不担心被公司开除，我们的困难就解决了。你看这个办法怎样？

小豆豆看看爸爸，又看看妈妈，这些道理前面听过，没参与思考，现在爸爸征求她的意见，她就很努力地去想，欲言又止，一时不知该说什么。

妈妈在旁边接话说，嗯，我也觉得是个好办法，宝宝你觉得怎样，好不好？

小豆点点头，好。

爸爸一下子一脸轻松，满怀欣慰地说，看来我们三个人一起动脑筋，就会想出解决办法的！

妈妈也愉快地接着说，小豆真懂事，能跟我们一起想好办法了。

孩子一下子高兴起来，很有成就感的样子。

豆爸语气欣喜地说，小豆豆，你赶紧去告诉爷爷奶奶我们想出来的这个好办法吧！小豆欢快地去向爷爷奶奶汇报去了。

第二天早上父母临走前，爷爷突然问小豆豆，真的不打算跟爸爸妈妈一起回去了吗？豆爸很担心爷爷这样问会弄得小豆豆又纠缠着不让他们走，没想到小豆豆很自豪地说：我们想出好办法了，现在我不回去，爸爸妈妈要上班，没有时间送我上幼儿园，我和爷爷奶奶一起回去！说话间，一副有担当的样子。

分析豆妈豆爸的做法，他们在这件事上采用的也是角色扭转的方式。

开始时，孩子居于次要地位，是被动角色，是被说服的对象。她被要求听从大人的安排，需要为成全他人的安排而出让自己的利益，所以孩子本能地会抵触。到后来，爸爸妈妈主动把自己降到次要地位，孩子就从一个被说服对象，成为事件的主动参与者，和父母共同面对困难，共同做出判断，做出选择。当孩子参与了一个决策，意识到自己有办法帮助父母解决一个他们自己都不能解决的困难时，她的责任感和自我重要感都在上升——从被安排的角色变成有主动选择权的践行者——这种感觉是人类内在的追求，哪怕是一个孩子，也会被这种感觉陶醉。思想工作做到孩子的心坎里，孩子自然就变得懂事，事情也就容易解决了。

孩子需要引导，不需要被强行说服。只要方法对，不但能让眼前的事情从"山重水复疑无路"跨进"柳暗花明又一村"，还能暗暗地滋养孩子的好品格，并使这好品格迁移。这就是教育的魅力，具有四两拨千斤的功效。

做"不讲道理"的家长

天下没有不懂事的孩子，如果要孩子懂道理，家长首先要做得有道理，做得有道理，比说得有道理重要得多。

"讲道理"是很多家长喜欢的一种教育方式，一直以来被正面推崇。但人们也往往发现讲道理对很多孩子来说没用，越喜欢讲道理的家长，他的孩子往往越不听话。

有位家长说她七岁的女儿特别逆反，不让做什么就偏去做，她经常苦口婆心地给孩子讲道理，孩子却不听，惹得家长常发脾气。她知道打骂孩子不对，但不知该怎么办。我让她举个孩子如何不听话的例子，她讲了这样一件事。

她家住公寓楼五层，没有电梯，走楼梯上下。最近女儿特别喜欢这样下楼：一条胳膊搭到楼梯扶手上，胳膊用力脚不用力地向下溜。妈妈不允许孩子这样做，说楼梯扶手平时没人擦，那样会把衣服弄脏磨坏。但再一次下楼时，孩子又那样，屡说屡犯，家长终于失去耐心，大发脾气。孩子当着家长的面不敢那样做了，却找各种机会偷偷地那样下楼，衣服袖子下面经常是脏脏的。陈述完事情后，家长用失望的口气加一句：我那孩子，天生就不如别的孩子懂事，我其实挺尊重她的，不知给她讲了多少道理，可她好像一句也不听。

我对家长说，你既然已经发现讲道理没用，那至少说明在这件事上，讲道理是不对的，发现不对，就应该立即停止。家长一脸迷惑，情绪上略有抵触地问我，讲道理不对吗？那该怎么教育她呢？

我说，很简单，回家找两块抹布，你和孩子一人一块，自上而下把楼梯扶手擦干净，既做了公益，又满足了孩子手脚并用下楼的乐趣，试一下，看看效果如何。家长一听，恍然大悟，对啊，这么简单，我怎么没想到呢！我怎么就光想着给她讲道理呢？

这位家长之所以没想到，应该在于她一直以来只注意了自己如何说得"有道理"，没去想自己做得多么没道理。就这件事，孩子不过是想变个花样走楼梯，家长却不体恤孩子，这么微小的一点童趣都不给孩子，对这么简单的尝试都不能容忍，这和家长所说的给孩子"尊重"就完全不相符。天下没有不懂事的孩子，如果要孩子懂道理，家长首先要做得有道理，做得有道理，比说得有道理重要得多。

教育家杜威认为，教育并不是一件"告诉"和被告知的事情，而是一个主动的和建设性的过程，这个原理几乎在理论上无人不承认，而在实践中又无人不违反。要使儿童"明白道理"，不要仅仅把道理告诉儿童，必须首先要让儿童有机会在实践中获得连续不断的经验。[1]

我曾看到一则新闻，广州番禺的张中良夫妇收养了十个孤儿，孩子做错事，张中良与妻子不会责骂他们，也不讲大道理，而是让孩子们通过体验，来完成对一个道理的认识。比如，有一次，张中良让家中的小女儿慕恩带着眼睛看不见的姐姐美春出去玩，不知为何慕恩将美春一个

1　[美]杜威，《民主主义与教育》，王承绪译，人民教育出版社，2001年5月第2版，46页。

人丢在了外面，独自回来了。张中良知道后并没有多说什么，只是让小慕恩做了一个体验：用毛巾蒙住慕恩的眼睛，让她自己在外面走一段路。从此以后，慕恩变得特别懂事。这一个细节，足以让我们对张中良夫妇更加敬佩，他们也许没学过教育学、心理学，对教育的理解却那样透彻，没有对孩子的真爱，是不可能有这份悟性的。

"行不言之教"是传诵千古的经典教育方法，理论上人们都认可，可遇到问题时，大多数人的第一个念头总是如何劝说孩子，如何给孩子讲道理。比如我经常收到这样的来信：年轻父母们详细陈述了老人带孩子如何包办溺爱，导致孩子有许多毛病，后面提出的问题却是："这种情况下，我如何给孩子讲道理，让孩子改正缺点？"也有不少家长，他的孩子遭遇了学校老师的冷暴力，导致孩子厌学。家长不去想办法向学校反映，解决老师的问题，也不去做任何和老师沟通的努力，却来问我"如何给孩子做思想工作，让孩子不再厌学"——这样奇怪的逻辑经常遇到，明明是成年人做得不对，伤害了孩子，却把改造的矛头对准孩子，指望动动嘴皮子，说点什么，就可以改善孩子的状态，这怎么可能呢？

人们对"讲道理"的偏好往往源于思维惯性。从小在家庭、学校接受太多"大道理"教育的人，往往会成为讲道理爱好者。在他们的经验和认识中，教育者和受教育者的关系，就是告知与被告知的关系；所谓教育，就是"明白人"对"不明白人"说话。所以他们对孩子表示负责和爱，就是大事小事都要告诉他们如何做。不过，这种单边主义思维方式，最容易让人陷入教育困境中。

一位家长说他在没孩子时，很瞧不上那些打孩子的人，觉得成人靠武力征服孩子，真是无能。他自己有了儿子后，遇到问题，总是耐心地跟孩子讲道理。但是，随着孩子慢慢长大，他发现自己奉行的"以理服人"越来越行不通了。孩子经常很固执逆反，不管家长怎么说，就是不听。所以他开始怀疑自己做得对不对，周围又不时地有人对他说，教育男孩子就要粗野一些，只要告诉他什么是对的什么是错的，想让他做什么事，没什么好商量的，必须服从，不行就动用武力。所以，有两次他和孩子发生冲突，真的没能控制住，对孩子动了手。到这时，他才发现自己黔驴技穷，也堕落为自己曾经不齿的那类家长了。

这位家长的做法很有代表性，不少家长，包括很多学校老师，面对孩子的一些问题时，经常脱不了这样的套路：先讲道理，讲道理不行就去批评，再不行就通过发脾气来征服。或者在孩子的感情上做文章，比如陈述我为你付出多少辛苦，你却这样不懂事……以此来"感化"孩子。

思想家卢梭说过，三种对孩子不但无益反而有害的教育方法是：讲道理、发脾气、刻意感动。[1]这句重要的提醒已存世百年，可这三种办法恰是很多家长身体力行，运用最纯熟的。每当我在不同场合引用卢梭这句话时，总是会引起别人的疑问和困惑：如果讲道理孩子不听，除了生气或感化他，还有什么方法呢？难道不要教育他吗？

把"讲道理"当成教育，这几乎是"问题家长"的通病。

当然要教育孩子，但以大道理压人，强迫孩子接受来自家长口头的"道理"，这是在使蛮力，是思维懒惰和粗糙的表现，不但无助于问题的解决，反而会使问题之扣越系越复杂，越系越死。教育是门艺术，讲究的是简单和精巧。改变"讲道理"的思维定式，变通一下，效果可能会好得多。

有位妈妈，从孩子一岁半时，开始每晚给孩子刷牙，可小家伙怎么都不配合，任凭妈妈讲多少道理都没用，刷牙成了天天必打的战争，总是弄得双方都不愉快。后来，这位妈妈想了一个办法，孩子有一个很喜

1　[法]卢梭，《忏悔录》，黎星等译，人民文学出版社，1992年6月第1版，254页。

欢的小熊玩具，妈妈在晚上要刷牙前跟孩子说："宝贝，小熊这么长时间没刷牙，牙疼了，长龋齿了，你帮它刷刷牙好吗？"孩子很乐意地接过妈妈准备好的牙刷帮小熊刷起来。给小熊刷完牙后，妈妈表扬孩子刷得好，并说："小熊真乖，给它刷牙它配合得真好。"然后问孩子："宝宝想不想让小熊看看你也很乖，也会好好配合妈妈刷牙？"孩子高兴地说好，史无前例地配合妈妈刷牙。这样几天下来，孩子再也不厌烦刷牙了。

还有一位家长，说他四岁的孩子有两个毛病：一是不听话，二是爱哭。问我怎么办。我让他举出最近的一个不听话的例子。

他说孩子这几天总是在晚上临睡觉前要下楼玩，无论家长怎么给他讲外面天黑了，小朋友都回家了，明天再玩之类的话，孩子都不听，就是哭着要下楼。

我说，你说的两个毛病其实是一个，可以一起解决。从今天开始，一切事情尽量听孩子的。如果他临睡前想下楼，你就辛苦点，抱他下楼，他想在楼下待多长时间，就待多长时间，在其他事情上也采取类似的做法。家长有些吃惊，很顾虑的样子，但回去还是按照我说的做了，结果让他意想不到。

他后来告诉我，当天孩子在临睡前又要下楼，家长没说什么，愉快地给他穿好衣服，带他下去。外面很黑，冷风飕飕的，楼下空无一人，他刚把孩子放地上，孩子就要他抱着回家。家长故意说既然下来了，多待一会儿吧，孩子说什么也不肯多待，说想回家睡觉。回家后，孩子一下变得很听话，让刷牙就刷牙，让脱衣服就脱衣服。此后其他的一些小事上，家长也都少说多做，尽可能倾听孩子的意见，结果孩子哭闹大大减少。

两千多年前的荀子把有效教育和无效教育区分为"君子之学"和"小人之学"。"君子之学"是从耳朵进来，进入心中，传遍全身，影响到行为；而"小人之学"则是从耳朵进来，从嘴巴出去，只走了四寸长，所以难以影响到整个人。用思想家卢梭的话来说就是，"冷冰冰的理论，只能影响我们的见解，而不能决定我们的行为；它可以使我们相信它，但不能使我们按照它去行动，它所揭示的是我们该怎样想，而不是我们应该怎样做"[1]。

现代心理学研究证实了东西方先哲们的观点：从讲道理到接受道理，中间的距离可能很远。一个人能否接纳别人的观点，首先取决于情绪，其次取决于对方的行为，最后才是对方的语言——成年人尚且如此，何况孩子。

孩子有时候确实会有些令人不可理喻的想法，给家长带来麻烦。遇到这种情况，除了想办法和孩子沟通，也要站在孩子的角度感觉一下他的想法和愿望，不要轻易下论断，说孩子"不听话"。家长当然可以直接给孩子讲一些正确的道理，但如果孩子不听，就应该考虑换一种说法。实践证明，想要孩子接受一个观点，从情绪上入手最容易，通过问答的方式，调动孩子去思考，刺激他天性中善良的一面。这样的方法屡试不爽。

有位妈妈说在儿子三岁前，她上卫生间不注意关门，孩子经常跟进来。后来她觉得孩子越来越懂事了，让他看到自己蹲马桶的样子不好，就不再允许孩子跟进来，孩子不听，非跟进来不可。妈妈很耐心地给孩子讲道理，总没什么效果，妈妈只好强行把门闩上，孩子每次都在外面拍打着门，哭得声嘶力竭，有一次甚至哭吐了。从此，孩子的注意力都放在妈妈去卫生间这件事上，即使他正和姥姥玩着，或正在看电视，妈

---

1 [法]卢梭，《爱弥儿》，李平沤译，人民教育出版社，2001 年 5 月第 2 版，476 页。

妈想悄悄地溜进卫生间时，他不知为什么总能发现，会马上丢下正做的事，冲过来高喊"不让妈妈上厕所"。这位妈妈非常发愁，每天上厕所成了一件警察抓小偷的较量，感觉真是累人。

我对她说，既然前面已讲过道理，没用，就不要再讲，换一种方法，用问问题的方式来给孩子做思想工作，效果也许更好。我建议她问孩子三个问题。

第一个问题："你不让妈妈去卫生间，那你觉得妈妈尿裤子里好还是尿马桶里好？"大多数孩子第一问就可解决问题，他们会很快判断出来，尿裤子不好。孩子一旦给出这个答案，多半不会再阻拦妈妈去卫生间。个别孩子，因为和家长为这事拧巴了挺长一段时间，可能会故意别扭着回答，说尿裤子好，那么接下来家长问第二个问题。

"你喜欢妈妈高兴，还是喜欢妈妈不高兴？"一般情况下，孩子肯定会选择喜欢妈妈高兴。就像父母本能地会爱孩子，孩子也会本能地爱父母，愿意讨好父母，所以在这个问题中，几乎很少有孩子会选择要妈妈不高兴。这样问的目的，是引导孩子对第一个问题重新做一下选择。如果孩子重新做出正确选择，要真诚地表示出愉快，肯定孩子非常懂事。然后让孩子在外面等着，并给他一个期待，让他看看一会儿妈妈出来后，是高兴的还是不高兴的。

对一个幼儿来说，只要有一两次，他体会到正确选择的快乐，看到妈妈因为自己的选择而高兴，正面心理得到强化，问题多半就解决了。万一你的孩子实在是特别，到这里还不行，固执地选择要妈妈不高兴，那继续问第三个问题。

"你希望妈妈只是今天不高兴，还是明天也不高兴？"我几乎不相信哪个幼儿会继续选择让妈妈不高兴，只要他选择了明天要妈妈高兴，事情就又可以回到第一个问题上，按前面的套路来解决。最意外的是孩子继续选择明天也不让妈妈高兴，妈妈在第二天可以接着问同一个问题：妈妈今天因为不能正常上卫生间不高兴了，你希望明天妈妈高兴吗——家长问话的态度拿捏好，要平和而真诚。夸张的口气会误导孩子，让他以为这只是个游戏，故意做出错误的选择，以延长游戏时间；当然更不能表示出生气，那样会让孩子觉得自己坏，刺激其负面心理。只要孩子感觉妈妈内心没有恨意，他绝不可能一直要妈妈不高兴。

这位妈妈后来告诉我，她问到第二问，问题就解决了，很有效。

工作中我见过一些"屡教不改"的孩子，确实让人感觉棘手。但如果深入了解一下他们的家庭生活，总会发现根源在于家长的固执。许多家长，可以为孩子付出生命，却不肯在孩子面前放下自己的想法，不管大事小事，一旦孩子的想法和他的不一样，就会毫不犹豫地去劝说孩子服从，让弱小的孩子举起想法的白旗。如果有人告诉他说要改变的是家长自己，他会觉得被冒犯、被挑衅，非常生气。他们爱自己的想法超过爱孩子，而孩子在这样一次又一次的"投降"中，心理逐渐被打垮，如果没有阅读或其他思想导师扶植其精神之树成长，思想就会逐渐萎缩或变态，思维方式慢慢变得畸形。

这样的家庭中长大的孩子，会首先丧失倾听的兴趣，发展出超过常人的防御心理，同时产生"道理免疫力"，哪怕这个道理本身很有道理，他会也本能地排斥，严重的甚至会发生道德免疫力；其次，独立意识丧失，不能对一件事进行诚实、深入的思考，失去正常判断力，思维流于肤浅和平庸；再次，心态变得苛刻，对理解他人没有兴趣，兴趣只在如何用自己的观点征服对方，占据上风——这样的人生活中常见，他们和"他人"几乎没有共同认可的观点，几乎从来不能在一件事上持有相同的看法。

有人说不要滥用药品，他就说生病了还是要吃药的，不能一概而论；有人说孩子不能打、要尊重，他就说孩子和孩子不一样，有的孩子是需要打的；甚至有人说六十岁以上妇女不适宜穿高跟鞋，容易扭伤或摔倒，他也会发表自己的见解，说不穿高跟鞋的老人也有摔倒扭伤的……我老家管这种偏爱抬杠的人叫作"杠房出生的"。表面看，这些人说话总是一分为二，又全面又客观，其实他们只有两种观点：你的观点，我的观点。并且前者总是错误，后者总是正确。"杠房出生的人"其实思辨力特别弱，原因是他们的能量不能用于真诚的思辨，主要用于不停地反抗别人的话语，一生也往往在这种无端的消耗中庸碌地度过。而这样一种心理，如果不自知，会通过言传身教，产生代代相传的恶习。

做"不讲道理"的家长，并非完全否定言语的必要性，而是强调口头教育的适度性和行为教育的重要性。这里另有三条建议。

第一，"讲道理"一定不要口是心非。

想给孩子讲点什么道理，必须首先确认这"道理"你自己也相信。我在工作中经常遇到心口不一的家长，比如有的家长明明自己对孩子的考试分数斤斤计较，向我讨教的问题却是：孩子考试成绩不好时，如何给孩子做思想工作，让他不要在意分数？

把"如何说"仅仅理解为一种说话技巧，这是一些人在教育上始终不得要领的重要原因之一。就像文字所到之处是一个人的思考所到之处一样，语言所到之处，也应该是一个人观念所到之处。与其向别人讨要说话技巧，不如静下心来想想，我自己到底是怎么想的。

第二，避免向孩子灌输庸俗价值观。

生活中可以经常看到这种情况，一些家长自己站位不高，却热衷于向孩子传达一些并不高明的见解，甚至是一些庸俗的人生经验。比如有的家长暗示孩子不必在学习上帮助别的同学，给别人讲题既浪费时间，又容易被别人超过。生活就是竞争，别人走得靠前了，你就落后了。孩子从这些所谓的人生道理上，学会了小钻营、小算计，却学不到大胸襟、大情怀。这样的"讲道理",实际上是在降低孩子的视野和胸襟,束缚限制了他的发展。

教育的真正准备是完善自己,想要给孩子讲出能让他飞翔的道理,家长自己就要具有蓝天的胸怀和高度。如果感觉自己的高度不够,不知道该如何说,什么也不说总比胡说好得多。

第三,切不可把"不讲道理"做成"不讲理"。

有一些家长确实很少对孩子讲道理,他们很直接,三句话不对就把孩子骂一顿或打一顿,这就不是我们这里所说的"不讲道理",而是不讲理了。更有些家长,对孩子简单粗暴,却在事后美化自己的行为。例如,打了孩子,然后又深情地讲"孩子,我为什么打你",通过煽情来为自己的行为找遮羞布。这简直是强盗逻辑,矫情得十分了得,是更深层面的不讲理。

"讲道理"是下策,发脾气是下下策,发脾气加虚伪是下下下策。

总之,教条不重要,教养才重要。卢梭说过,事事讲一番道理,是心胸狭窄的人的一种癖好。有气魄的人是有另外一种语言的,他通过这种语言,能说服人心,作出行动。[1]想让孩子懂道理,家长就要口头少讲道理,行为符合道理,这样孩子才能明白道理——像绕口令了——这就是教育的道理。

1 [法]卢梭,《爱弥儿》,李平沤译,人民教育出版社,2001年5月第2版,473页。

"不管"是最好的"管"

> 一个被管制太多的孩子，他会逐渐从权威家长手下的"听差"，变成自身坏习惯的"奴隶"。他的坏习惯正是束缚他的、让他痛苦的桎梏，不是他心里不想摆脱，是他没有能力摆脱。

有一天，我的一个朋友约我聊天，她是带着一个问题来的，为她单位的一个女同事。

她的这位女同事在孩子的教育上出了问题，苦恼得要命。同时，我的朋友自己也经常有类似的烦恼，就想和我专门聊聊孩子的教育问题。我们的话题从她单位女同事开始。

这位女同事毕业于一所名牌大学，工作出色，人也漂亮，为人处世都不错，是个近乎完美的女人，所以也是个理想主义者，在爱情上奉行宁缺毋滥的原则，一直蹉跎到三十六岁才结婚。婚后有个儿子，爱得要命。

当她的孩子还在褓褓中，她就给他读唐诗。她读了很多家教方面的书，知道早期启蒙特别重要。孩子刚学说话，她就天天用汉语、英语两种语言和他说话。她儿子确实也表现得聪明伶俐，上幼儿园后，有一家心理研究所来幼儿园采集数据，对孩子们进行了智商测验，结果当然是保密的。但后来园长悄悄告诉她，她儿子是全园第一名。她觉得自己是个成功的家长，相信自己倾尽全力，一定会教育出一个出色的孩子，甚至是个神童。

她把所有的心思都投入孩子的教育中，大到说话如何发音标准，小到如何抓筷子如何玩耍，都进行着认真的指导，只要孩子哪些地方做得不好，就立即指出来，并告诉孩子应该如何如何做。如果孩子的一个缺点重复犯了三次，就要受到批评，三次以上，就每错一次打一下孩子手背——这样，孩子每天手背挨打的事总会发生——比如打翻了饭碗，牛奶没喝完就玩去了，见了阿姨没问好，昨天学的单词今天有一半没记住，等等。

她说，我打他手背一下又不痛，只是希望通过这样的严格让孩子长记性，她自信在这样的要求下孩子会越来越完善。

朋友说她去过几次这位女同事的家，发现同事对孩子那真叫用心。虽然人在和你说话，但感觉她的心总是在孩子身上放着，不时地扭头告诉孩子一句什么，比如"到写作业时间了""手上的水没擦干净，再去擦一下""别穿那双鞋，这双和你的衣服搭配更好看"。

朋友感叹说，当妈的都做到这个程度了，可不知为什么她的孩子越来越差。刚上小学时，他是班里前三名的学生，到小学六年级毕业时，成了倒数第三名。现在这个孩子已上初中，各方面仍然毫无起色。即使是从小就学习的英语，成绩也总是很低，总之根本没有一点高智商的痕迹。而且性格特别内向，既不听话，又显得很窝囊。他妈妈实在想不明白，自己呕心沥血地教育他，怎么就成了现在这个样子，她觉得这是命运在捉弄她。

朋友问我："你说这问题出在哪儿，这孩子到底怎么了？"

我想想说：问题还是出在妈妈身上。改善的方法很简单，但我怀疑，正因为简单，这位妈妈恐怕难以做到，或者说她根本就不愿意去做。

在朋友疑惑的目光中我说：这位好强的妈妈，她的问题就出在对孩子管得太细太严。治疗的方法当然是反面，就是"不管"。

"不管？"朋友睁大眼睛。

我说，可能我们经常会发现这样一种情况：对孩子管得特别细特别严的家长，大多是在工作、生活等方面很用心的人，成功动机在他们的生命中始终比较强，他们的自我管理往往做得很好，在工作或事业上属于那种放哪儿都会干好、都会取得一定成就的人。同样，在孩子的教育上，他们成功心更切，也很自信，把对自己的管理都拿来套用到孩子身上。可是，他们基本上都失望了。

朋友点头说："对对对，是这样，可这是为什么呢？"

我说，这里面有一个问题，儿童不是一块石头，成人刻刀所到之处留下的，并不完全是雕刻者单方面的想法。假如一定要把父母比喻为一个雕刻师，那教育这种雕刻所留下的痕迹则是雕刻者与被雕刻者双方互动形成的。

作为雕刻者的父母如果看不到这种互动性，漠视儿童的感觉，以为在受教育方面，儿童就是块没有弹性的石头，刻什么样长什么样，那么一块璞玉在他手中将变成一堆毫无价值的碎料。这位妈妈以为自己对孩子很用心，其实她丝毫不尊重孩子。不尊重儿童最典型的一个表现就是对孩子管制太多，也就是指导或干涉太多，孩子的正常生长秩序被打乱了。

朋友若有所思地点点头。

我接着说，从你的陈述中我可以感觉到，这位家长确实很用心，但实际上只是不停地使蛮力，她的行为里教育要素很少，更多的是"指令"和"监视"。指令和监视是教育吗？不是！教育如果这么简单，每个家长都可称心如意，世界上就不会再有恨铁不成钢的悲叹了。指令和监视的主要成分就是管制。现在家家基本上只有一个孩子，家长有的是时间和精力去管理孩子。而且人们越来越认识到儿童教育的差异主要体现在家庭教育中，所以每个做父母的在开始时都铆足了劲，要把自己的孩子教育好。但儿童教育是件重艺术、不重辛苦的事。只有那些注重教育艺术，也就是遵循教育规律的人，才能把孩子教育好。瞎用功、乱用力，只会把事越做越坏。

我接着分析这位妈妈：她在孩子面前其实一直扮演着一个权威的角色，因为只有权威才有资格对别人进行不间断的指令和监视。而就人的天性来说，没有人喜欢自己眼前整天矗立一个权威。所有对权威的服从都伴随着压抑和不快，都会形成内心的冲突——孩子当然不会对这个问题有这么清楚的认识，他只是经常感到不舒服，觉得做什么事都不自由，经常不能令大人满意，这让他心生委屈和自卑。于是他慢慢变得不听话、没有自控力、不自信、笨拙而苦闷。

一个被管制太多的孩子，他会逐渐从权威家长手下的"听差"，变成自身坏习惯的"奴隶"。他的坏习惯正是束缚他的、让他痛苦的桎梏，不是他心里不想摆脱，是他没有能力摆脱。我们成人不也经常有这种感觉吗？

朋友说："是啊，经你这样一分析，觉得真是这么回事。看来以后要少管孩子。"

我说，是，所以，我们可以把上面的想法总结为一句话："不管"是最好的"管"。

朋友笑起来，说这句话总结得太好了，并说自己在教育孩子中要记住这句话，也要告诉她的那位同事记住这一点。我说："你可以对你的同事讲讲这句话，但不要期待她一定能接受。我对不少家长讲过，不知为什么，一些家长一听'不管'这个词就反感。"

看朋友有些惊讶，我对她讲了下面一件事。

有一次我遇到一位父亲在训儿子。"我小时候家里孩子多，你爷爷奶奶忙，谁管我啊，我能走到今天，不就是靠自觉吗？我和你妈妈对你多关心，每天花那么多时间陪你学习，你却一点不懂得努力，你怎么就那么不自觉呢？"

因为我和这位父亲很熟，就直率地对他说："你这是说对了，就是因为你小时候没人管，才学会了自觉；你儿子不自觉，恰是因为他太'有人管'了。该他自己想的，父母都替他想到了，该他自己感受的，父母都给他提醒了，他干吗还要自己去留这个神呢，他哪里有机会学习自我管理呢？"这位父亲对我的话很不满意，他反驳说："照你这样说，不去管孩子，倒是可以做好家长，我们这么用心却错了?！"他因为这事，好长时间都不爱搭理我。

这位父亲的反应并不例外。我遇到不少对孩子管制太多的家长，总想说服他们给孩子一些自由的空间和时间，给孩子一些犯错误的机会，就提议让他们以后少管孩子——这是改变问题的必经之路。但我的提议多半会遭到家长类似的质问。

在他们看来，让家长"不管"孩子，就如同让他们放弃孩子的抚养权一样刺耳和反感。事实是他们根本不想改变自己，不想去理解什么是"不管"——它不是削弱家长的责任，而是一个解决问题的方式，是需要家长内心树立起一种尊重孩子的思维方式。

朋友点点头，家长总要求孩子改正这个那个缺点，但对于别人给他指出的缺点，却并不愿意接受，不肯承认，甚至连思考一下都不愿意，真是"双标"啊。我说，是，"双标"的家长往往是刀枪不入的，这就是为什么给这些家长做工作特别难，也是他们孩子身上的问题总是难以解决的根本原因。

朋友又说："你说的这些我能理解。不过，我有个具体问题。假如孩子马上要考试了，比如马上要中考或高考，他还不学习，或者钢琴马上要考级了，他不好好练琴，那家长该怎么办，难道也不管吗？"

我说，对一个孩子来说，马上要有重要的考试，却还不去认真学习，这背后反映的是他的心理问题，理性不足、厌倦感、缺少自尊等——而这种状态基本上都是长期以来家长所实施的"管"的一个结果，所以首先要改变的是家长。

怎么改善这种情况，无法用三言两语给出一个立竿见影的方法，只能举个例子。

我女儿圆圆上高一时，圣诞节我们送了她一个便携式 CD 机，本意是让她学习之余听听音乐。但她经常一边做作业一边听歌，还隔三岔五地去买光盘，对当时的流行歌手、歌曲了如指掌。以我们自己的学习经验来判断，这样学习肯定要分心。如果是在小学，她这样做我们也不着急。可现在是高中，时间这样宝贵，竞争这样激烈，一心二用怎么能把功课学扎实呢？

我和她爸爸有些着急，就提醒她学习时最好不要听音乐，还给她讲道理说，高中的作业和小学的不一样，不是为了完成，而是为了在写的过程中思考和理解。

第一次说时，她只说她知道了，并说她自己觉得不影响学习。过了几天，我们看她还是天天戴着耳机写作业，就又说了两句。这次她有些不耐烦了，怪我们唠叨，说她自己知道怎样才好，要我们不要管她。

我们立即知趣地闭嘴。

但接下来一段时间，嘴上虽然不说，心里总是有些着急。不光是听耳机的事，主要是圆圆表现出来的整个学习态度上的松懈让我们不安。这种时候，我们也本能地很多次产生"管"的冲动，但最终还是忍住了。我和她爸爸商量后决定，这件事不再说一个字。

我们这样考虑：也许她只是新鲜，且现在学习还不够紧张，到高二、高三时学习更紧张了，同时新鲜劲儿也过了，她自然会紧张起来。也许是她心理上有压力，用这种方式释放，她现在表现出的松懈是她进行自我调整必须经历的一种状态。也许她只是迷恋音乐，很多人在青少年时期都会在某一阶段对某个事情产生深刻的迷恋，生硬打断并不好。

在这一切"也许"之上，我们有一份明智：用强迫的方法可以让一个孩子坐到书桌前，眼睛放到书本上，手里拿上笔——即使他的躯体都到位了，但没有人能让他的心思也到位。如果不是出于自觉自愿，纵然我们让圆圆收起 CD 机，她也不会因此更专心学习，相反，为了反抗外部干涉，心可能会离学习更远。既然圆圆说不影响学习，并说她自己知道怎样才好，我们就要相信她的话，我们有什么理由去怀疑孩子呢？

所以，我和她爸爸私下互相提醒，管住自己的嘴。在这个过程中我们体会到，"不说"是件比"说"更难做到的事。孩子的行为每天都在对你的心理形成挑战，这实在需要家长用足够的定力去消解这件事。当然，时间长了，我们就真正地不在意，真的忘记去管她了。

没注意圆圆从什么时间开始，学习时不再听音乐了，直到有一天我发现她书架上的 CD 机落了很多灰尘。

她考上大学后我问起过这件事。圆圆说，一边听音乐一边写作业确实是会分心，这一点实际上她心里一直知道，但开始时就是想听，约束不住自己。到高三时那么紧张，自己从内心就不愿有什么事情打扰学习，写作业时当然就不会再听了。

孩子心里对什么事情都是有数的，我相信并不是只有圆圆是这样。每一个孩子都天生有上进心，只要他被信任、不被指责和打扰，他就有对自己负责的态度、有自我调整的力量。

我的朋友说："嗯，我越听越明白了，你这是老子的无为而为。"

"差不多吧。"我笑笑说，"人生来不是为了让别人去'管'的，自由是每个人骨子里最珍爱的东西。儿童尤其应该舒展天性，无拘无束地成长。"

朋友很感叹地说："平时到学校开家长会，校长或老师一说到孩子的问题，就强调家长要多关心孩子，多抽出时间陪孩子，多管管孩子。通过今天的聊天我才知道，其实在当下，很多孩子的问题并不是因为家长管得少，恰恰是因为管得太多了。"

我说："你说到问题的要害了。家长要认识到自己的局限性，同时要相信孩子的无限性。每个儿童都是一个完美独立存在的世界，他幼小的身体里深藏着无限蓬勃的活力，他在生命的成长中有一种自我塑造、自我成形的表达潜力，就如一颗种子里藏着根茎、叶片、花朵，在合适的条件下自然会长出来一样。家长如果有农人的信念和适度的管，孩子一定会成长得更好。就你这位同事的情况，你应该给她的建议是：'不作为'是最好的作为，'不管'是最好的管。"

自由的人才是自觉的人

真正的自由只有一种，剩下的都是不自由。

我曾经非常喜欢一位家长讲给我的这件事，也曾在多个场合提到这个故事，一直把它当作经典案例讲给大家。

她的孩子大约三四岁，很爱吃糖。妈妈害怕孩子吃糖太多有龋齿，也担心会发胖，就严格控制，规定孩子每天只能吃两块。孩子经常是一醒来就迫不及待地要妈妈拿糖给他，而且经常在吃完当天限额的两块后，觉得不够，缠磨着妈妈要更多。家长一般都坚持原则，不多给，并把糖筒放到高处，不让孩子够着。

可是有一天，家长发现了问题，糖筒里的糖在急速减少。再仔细观察，发现放糖筒的柜子前多了一个凳子，糖筒也挪了位，心里就明白了。这个小家伙，尽管聪明，但"做贼"的智商还处在大猩猩的水平——在搬了凳子爬上柜子偷偷拿糖后，不懂得消灭证据。这个发现让家长大吃一惊，孩子不但没少吃糖，还多吃了；自控力不仅没有发展出来，还多了一个弄虚作假的坏毛病。

这位家长做得非常好的一点是没有马上去批评孩子，而是开始反思自己，认识到必须得改变一下方式方法了，于是跟孩子谈了一次话。

她没有揭穿孩子偷糖这个事，而是很真诚地给孩子道歉说，你这么爱吃糖，可妈妈每天总是忘记主动拿糖给你吃，宝宝就得天天追着妈妈要糖，这样不好。以后这样吧，宝宝自己管糖筒，想什么时间吃糖，就自己去拿，好不好？孩子一听，当然高兴，说好。

妈妈又对孩子说，糖筒你自己管着，不过妈妈还是不希望你多吃，多吃糖的坏处已经给你讲过，所以你还是每天吃两块，好吗？孩子说好。于是妈妈信任地把糖筒交给孩子，孩子既兴奋又吃惊，这可是妈妈以前摸都不敢让他摸的东西啊！

妈妈打开糖筒看看说，糖不太多了，我们一起数一下还有多少块，还能吃几天。和孩子一起数了，还有二十块糖。妈妈说，这些糖还够你吃十天，到时候妈妈就买新的回来。然后放心地把糖筒交给孩子。过了几天，妈妈悄悄去数糖筒里的糖，发现孩子真的一块都没有多吃。

这个案例让我们看到，家长只是改变了一下方法，把管理糖筒的权力从自己手上移交到孩子手上，就发展了孩子的自控力，且防止了孩子撒谎和弄虚作假。

很多年来，我都觉得这是个完美案例。家长从监督者和控制者角色中退出，把信任还给孩子，让孩子获得自我管理的权力。而这种权力的下放，必然会唤起孩子内心的自尊感和责任感，这是多么好的教育。

读者们看到这里，也一定会觉得它很完美。但近几年，我对这个案例进行了新的思考，深入分析后发现，其中隐藏着以前不曾意识到的问题。

家长把糖筒交给孩子，只是在取糖的方式上不控制了，但吃糖的量上还控制着。这不是给了孩子自由，只是给了部分自由。拿到糖筒管理权的孩子可以发展出每天只吃两块糖的自律，但他对于糖的渴望不会减弱。一面是自律的需求，一面是吃更多糖的需求，孩子在这种纠结中会活得比较辛苦。而且吃糖越是不满足，越会日复一日调动兴趣，多吃糖的习惯反而会稳定下来。

当然有可能随着孩子慢慢长大，他的自控力一直保持良好，且真的不喜欢吃糖了，但多年积累的匮乏感不会消失，会以一种隐蔽的方式在某个地方表现出来，成为生命的某种痛点。

控制儿童已成为全社会的集体无意识，它深入骨髓，已经与我们的思维融为一体。虽然我一直对教育中的"控制"有所警惕，但在对这个案例的反思中，我看到了自己无意识的控制欲。

减弱了的控制仍然是控制，而非真的放手。就像偷十元钱和偷一百元一样，只是量的不同，性质没有差异。所以，有条件的放手都不是真放手，只是打折的控制。

真正的自由只有一种，剩下的都是不自由。

现在，如果我给这位家长建议，我会说，不光糖筒交给孩子，每天吃多少也让孩子自己说了算——在这件事上完全不去控制，完全不操心。实在不想让孩子吃的东西，压根儿就不该往回买，买回来就应该信任地交给孩子。

有些家长可能一时接受不了这个观点，会担心自己完全放手，孩子就刹不住车，会一口气把一整盒糖都吃掉——这当然有可能，如果在某件事上前期对孩子控制较多，突然放开了，孩子会有一个不适应期，出现严重反弹，情况看起来更糟——但如果家长不担心，一直淡然相对，完全不控制，没有任何焦虑，孩子对糖的兴趣自然会慢慢下降。

不用担心孩子会一直无节制地吃，孩子不傻，吃够了自然不想再多吃。有位读者来信说，她才上幼儿园大班的孩子，突然开始"狂吃"零食，从幼儿园回家后，会守着茶几，把上面摊着的"垃圾食品"全部吃光。等饭菜上桌，什么也吃不下了。妈妈虽然不愿意让孩子这么吃，可架不住奶奶天天从超市往回买。她发现，一边零食不断，一边又控制不让孩子吃，反而会激起孩子更大的吃零食兴趣。意识到这样下去会更糟，于是彻底放手，不再管。不仅不管，有时还主动往家里买零食，果冻、饼干、糖果等各种孩子爱吃的，茶几上总是摆得满满当当，孩子触手可及。奇怪的是，过了一段时间，孩子很自然地对这些东西不感兴趣了，只是偶尔吃一点。

这种情况并不是偶然，这些年我遇到很多类似的例子，只要家长不控制，孩子匮乏感消失，对于零食或某种东西的渴望都会转成正常需求，不会过度。

假如还有人担心，如果孩子一直吃很多糖，完全没有减少的趋势怎么办？首先这种情况极少，万一有，说明他可能真的需要很多糖。我有一个老师，一辈子酷爱吃糖，总是吃很多，这一点甚至成为大家的笑谈。他性情随和，不急不怒，平时在其他方面也注意养生，又一辈子酷爱学习，现在已九十多岁，没有基础病，身体非常好，活成了大家眼中的健康楷模。也许是老师的身体真的和一般人不一样，也许是因为他吃糖时毫不纠结，总之糖在他这一生中是吉祥物一样的存在，让他的生命里外都透着甜。

一个人如果身心健康，身体和心理就都会发展出自动调节功能，保持良好的平衡状态，就不会轻易被某种食物伤害。

我们之所以可以充分信任孩子，是我们相信每个孩子都是一尊神。想想看，从一颗受精卵到分娩出一个胎儿，这是一个复杂得用头脑无法想象的生命过程，其背后推动的力量就是"自然规律"。每个孩子都天生拥有这样一套极为高级的生命规律，它的精美程度不是人的大脑能理解的。给孩子完全的自由，就是完全确信这个规律，信任孩子，让孩子身上的神性充分释放出来。

被尊重是人的天性，有什么比信任更能表达对一个人的尊重呢？一个有机会进行自我掌控的孩子，才能学会自我控制。一个被全然信任的孩子，才能发展出诚信、自尊的品质。

现实生活中，没有哪位家长会承认自己不尊重孩子，即使在教育方面做得非常糟糕的家长，在理念上也认同尊重孩子，并且认为自己是尊重孩子的。只不过，他们的行为和理念发生了背离。

有位家长给我写信，说自己以前是个"穿西装的野人"，对孩子管得太严厉，看了我的书后，感到后悔。可她现在有一个着急的问题，不知该怎么办。她的孩子刚上幼儿园，尿急了居然不敢跟老师说，尿了几次裤子。老师和妈妈跟她说了好多次，告诉她尿急了可以自己去卫生间，不必跟老师说，孩子才敢去卫生间。可是，去了卫生间后，居然不懂得自己回来，一定要老师喊才会回来，否则一直在卫生间待着。从录像看，她一天都难得笑几次，没人找她就呆呆地坐着。家长不明白孩子这是怎么了。

这位家长自己在信中其实已经把原因说明白了，她一直对孩子管得太严，严厉教育像一把刀子，肯定会让孩子受伤。家长可以在一夜之间认识到自己的错误，从此扔下刀子，但孩子内心的伤不会在一夜之间痊愈，它需要时间，而且有可能落下疤痕。

蒙台梭利认为，让孩子服从成人的意志，这是成人犯了最大最可耻的错误。这会产生一种后果，即儿童的胆怯。[1]

我国著名教育家陶行知先生也说过："失去自由，不能成人。"

自由——在教育上，这个词的重要性无可取代；但在生活中，它最容易被搞丢！儿童成长中的每件小事，几乎都可以在自由或不自由的感受中，成为或好或坏的教育事件。持续性的错误教育总是有代价的，没有

---

1 [意]蒙台梭利，《蒙台梭利幼儿教育科学方法》，任代文等译，人民教育出版社，2001 年 5 月第 2 版，318 页。

哪种一再发生的过失会不留下痕迹。

成年人热衷于讲纪律，讲严格，所以"自由"对于很多人来说一直是个陌生词。尤其在教育上，人们错把控制当成教育，却不知每一种控制，都是一条或粗或细的绳索，天天往孩子身上缠绕，导致孩子心理功能失调。卢梭曾为此叹息："人是生而自由的，但却无往不在枷锁之中。"[1]

有位家长把他给儿子订的学习计划和作息时间表发给我，请我看看哪里出了问题。他说儿子正在读初三，不好好学习，每天的时间安排得乱七八糟的。父母曾为他做过无数的计划，最后基本上都泡汤了。而这一次的学习计划和作息时间表，是他和儿子商量着做的，孩子也保证说要按计划做事，实际上却一天都没认真执行。

孤立地看这位家长发来的计划表，确实合理。学习、练琴、运动、上网等，内容丰富，时间精确，松紧有致。但再完美的计划都需要孩子自己来执行，如果一直以来的"完美计划"都是由家长所订，在家长的督促下执行，那么孩子就不可能生长出真正的计划能力和执行力，他内心生长的最多是服从和逆反，以及无力感。所以，如果家长只在计划的完美与否上打转转，不给孩子自由决断的机会，不注意培养孩子的自觉意识，那么完美计划将永远是一纸空文。

自然科学的发现很容易被人接受和传承，确立的东西一般不会遭受反驳。但社会科学常识却时时需要回到原点，经由每个时代、每个个体去重新认识。这就是为什么那么多中外先哲把"自由"奉为王冠上的珠宝；可在一代又一代人的生活中，它经常是个陌生词。

还有位家长写信向我咨询，说他两岁的孩子总是把电视遥控器扔鱼

---

1 [法]卢梭,《社会契约论》,何兆武译,商务印书馆,2003年3月第3版,4页。

缸里，不给就哭个没完。他说，难道这也可以给孩子自由吗？

家长只是孤立地陈述了孩子的"恶行"，但可以推测其背后原因。应该是孩子最初想玩遥控器，家长不让玩，耐不住孩子哭闹，才不情愿地给了；也有可能本来家长是允许孩子玩的，没想到某一天孩子拿着遥控器忽然心生"创意"，把它扔进了鱼缸，引得家长严厉责骂孩子，并且再不许她动遥控器，待孩子又想玩时，家长就限制，然后又敌不过孩子的哭闹，无可奈何地给了。总之，家长和孩子之间，肯定因为玩与不玩遥控器有一个拉锯战，孩子的负面情绪被刺激起来了，否则孩子不会对一个遥控器有那样长久而浓厚的兴趣，也不会总想着往鱼缸里扔。

我的建议是，先满足孩子，不再在这件事上和孩子纠缠，让她去扔，不但不批评，还和她一起玩这个游戏，一直玩到她腻歪。一个遥控器没多少钱，旧的被水浸坏了，再买个新的，哪怕十个八个的，也没多少钱，权当买玩具或教育投资。况且孩子根本不可能有兴趣去破坏十个八个，应该是玩坏两三个，她就没兴趣了。

我女儿圆圆小时候几乎玩遍了所有遇到的东西，她刚懂点事时就非常有"创意"：把自己的小尿盆戴到头上，说是帽子；把爸爸的绘图尺当剑，到处乱砍；把盘子里油腻腻的鱼尾巴抓起来贴到脸上，说她长胡子了。我印象最深的一次是，她一岁半时，突然把一碗正用手抓着吃的面条端起来扣头上，汤汤水水流了一身，面条从头顶耷拉下来，她兴奋地指着脑门上的面条说"头发！"……可想而知她给我带来多少麻烦，当然我们有时也很烦，她的"创意"不知给我和她爸爸增加了多少家务活，但我们基本上都能正面看待这些事情，从不跟孩子发脾气。

因为我们平时很少限制她，所以她非常听话，对于不让动的刀、火、电源插座等躲得远远的。

自由的孩子最自觉。如果家长平时很少限制孩子的自由，那么遇到个别真正危险的东西或不可为的事情，你告诉孩子不要去动，孩子会很听话的。所谓的"不听话"的孩子，是因为他平时听了太多的"不许"，他对家长的一切指令已产生"心理抗体"了。

在保障安全的前提下，除了刀具、打火机等个别危险物品，其他东西几乎都可以让孩子去接触。重要的是家长多费些精力，看护好孩子。只是制定规则，简单地限制孩子，表面看很用心，事实上这样最简单，是教育懒惰行为。谁不知道管住一个弱小者最容易？

有位家长说她的两岁的女儿很不听话，不让动什么偏要动。比如她家阳台上放着一根用来挑动晾晒在高处衣服的"Y"形长杆，孩子偶然看到这东西，很感兴趣。家长担心那个分叉的头会扎着孩子，就不让她玩。可孩子总是不听话，为此大哭不已，而且总是想偷偷溜到阳台上玩那个杆子。

其实，家长稍微想一下就知道，这根杆子伤害孩子的可能性很小，况且孩子有一种本能的自我保护的意识。家长在旁边看护好了，完全可以把这杆子交给孩子，让她玩个痛快。家长应该特别注意孩子的安全，但这不应该成为限制孩子自由活动的理由。确实，对于幼小的孩子来说，很多东西都有潜在的危险，如筷子、汤勺、铅笔、塑料袋等。保护孩子安全最好的办法，不是限制他接触到这些东西，而是需要家长尽到引导和监护责任，告诉孩子如何安全地玩，并在旁边看管好孩子。

我到现在还记得我很小的时候要玩筷子，我妈妈并不拒绝，但她告诉我不可以把筷子头含在嘴里走路，那样很危险。她把筷子横过来让我咬住中间，说这是"小鸟含柴"，她还逗我高兴，让我每次玩筷子都记得小鸟含柴。我的母亲没学过教育心理学，却有很多这样的办法，她凭一个母亲的爱心，让她的孩子快乐而安全地成长。

如果认识不到自由的价值，思维就会表现得懒惰，方法就会简单到只是严加控制，一种控制行不通，仅仅是换一种控制方式。

孩子和孩子虽然不一样，但教育的法则却是一样的。卢梭说过，只要把自由的原理应用于儿童，就可源源不断地得出各种教育的法则。[1]给孩子自由确实比管束更难，但理解透了，就会变得简单。

在我女儿圆圆四五岁时，我给她讲了有关空气的知识，并且用塑料袋、气球和玻璃杯等做实验，让她知道有"空气"这样一种看不见摸不着的重要东西包围着她，这让她感觉空气非常神奇。有一天她双手做环抱状，腆着肚子问奶奶："奶奶，你看我抱着什么？"奶奶猜测西瓜、脸盆、篮球等，都不是。最后圆圆告诉奶奶，她抱着空气——空气是无形的，自由也是——在教育中，自由就是空气，看不到摸不着。你可以不去关注它，甚至可以不承认它，但绝不能缺少它。

很多人在分析一些问题时，动不动就社会、政策、学校、家庭、个体，等等，表面看头头是道，既宏大又全面，却都隔靴搔痒，解决不了任何问题。原因是他们忘记了自由。

没有自由就没有教育。一个人，必须首先是自由的人，才可能成为一个自觉的人——自由不是信马由缰，自由是一种可以舒展的空间，是一种能够托举的力量——它让孩子有能力去选择，并且有能力抵抗生活中的一切虚假和脆弱。

1　[法]卢梭，《爱弥儿》，李平沤译，人民教育出版社，2001年5月第2版，78页。

遇到一个"坏小子"

爱孩子，就帮他创造一个和谐的局面，不要给他制造麻烦。

圆圆跳级升入四年级后，学习上没什么困难，很快和新班级的同学们就处熟了，有了自己最要好的几个朋友。总的来说，情况都很好。只有一件事让她觉得烦恼，就是时常受到班里一个小男孩的欺负。

这个男孩子是所谓的"差生"，在这里我把他叫作孙小力。他坐在圆圆后面。听说他以前也欺负班里别的女同学，自从圆圆来了后，他主要精力就放在欺负圆圆上。

他上课总是从后面揪圆圆的小辫，下课后，把她的课本抢了扔到远处另一个同学的桌子上，看她着急地绕一大圈去找书，快要接近书时，他又跑前面抢了，放到另一个远处的桌子上。经常是快要上课了，圆圆还忙着满教室追书。有时圆圆下课了正和别的同学在一起玩，冷不丁被他推一把，差点摔倒。

圆圆经常回家向我抱怨，看起来这个小男孩让她有些发愁了。圆圆班里的同学见了我的面还告状说："阿姨，我们班孙小力总欺负圆圆，你去告老师吧。"

　　我一直没去找老师，一是觉得小男孩难免淘气，不是多大的事，只是告诉圆圆甭在意他。二是觉得圆圆已为这事和老师说过了，我再去说，老师再把他批评一顿也解决不了问题。我希望圆圆能自己解决这些问题，凭我的感觉，这个小男孩给圆圆带来的只是烦恼，她回家说说也就没事了，构不成对她心理的伤害，所以我也不着急出面。

　　四年级时欺负得还不太严重，上了五年级却有些过分了。除了以前的那些恶作剧，还出现了"骚扰"行为。有一次他把电话打到家里，正好圆圆接的，他在电话里大喊一句"我爱你"。圆圆吓得把听筒扔了，气愤地过来对我说，孙小力怎么知道咱们家电话号码的？咱们赶紧换电话吧！

　　我开始认真琢磨这个孙小力了，觉得这个仅仅十岁的孩子也许真的有些问题，但一时没想好该怎么办。很快发生的另一件事让我不能不赶快行动了。

　　那天圆圆放学回家看起来情绪很不好，一进门就要换衣服，洗头发。我问为什么，她哼唧了半天，才有些不情愿地告诉我，今天下午在教室外和同学玩，孙小力从后面一把抱住她，还亲了一下她的头发。老师正好看见了，把他批评一顿，并罚他站了。看来这事确实让圆圆非常不开心了，她强忍着才没哭，问我能不能去和校长说一下，把孙小力开除了。

　　圆圆爸爸早对这小男孩不满了，这时气坏了，说要去找这个坏小子的家长，让家长揍他一顿。凭我的直觉，这样的孩子，找他的家长也没用，家长揍他一顿，他以后不一定使什么坏呢。我也不期望老师能有办法解决，我想找到一个根本的解决办法。

　　我对圆圆说："妈妈明天在你放学时到校门口等你，和孙小力谈谈。"

　　我第二天买了一本我和圆圆都喜欢的童话书，准备送给孙小力。这一方面算是件"行贿"品，另一方面我想让他读一点书。读书对道德培养有促进作用，苏联教育家苏霍姆林斯基说："我坚定地相信，少年的自我教育是从读一本好书开始的。"

我到圆圆学校门口等她。她早早出来，又和我一起等孙小力出来。一会儿，圆圆指给我一个穿得松松垮垮、显得有些邋遢的孩子，并把他喊过来。

我对他说我是圆圆的妈妈，想找他谈谈。他可能以为我是来找他算账的，眼睛里流露出害怕，转而又流露出挑衅和不在乎的样子。

"别紧张，阿姨只是来和你随便谈谈，我们说说话好吗？"我蹲下。他表情有些诧异，但情绪有所缓和。这时旁边有几个同学围过来，我不想让他们围在旁边，拉孙小力往远处走走，但那几个小男孩还是跟过来了。只好不管他们了。

我和颜悦色地问孙小力："你说圆圆是个好同学还是个坏同学？"

他回答："好同学。"有些羞涩。

我问："她什么好呢？你说说。"

他脱口而出："学习好。"想了一下又说，"不捣乱。"就沉默了。

我问："还有吗？"

他又想想，说："不骂人，不欺负别人。"

我再问："那她的缺点是什么呢？"

他略有些不好意思，低低地说："没缺点。"

我说："圆圆是个好同学，要是有人欺负她，那你说对不对啊？"

他摇摇头。

"那你会欺负她吗？"

他又迟疑一下，摇摇头。

我微笑着拍拍他的胳膊说："真是个好孩子。"

这时旁边几个小男孩不满了，纷纷说，阿姨你别相信他，他经常欺负圆圆，他给老师保证过好多次了，保证完了就又犯错误。说得孙小力一脸的不满和微微的羞愧。

　　我对那几个男孩子说："孙小力以前是那样子，但以后不那样了。"我充满信任地问孙小力："你说是不是？"孙小力眼睛里一下充满光泽，他点点头。

　　我在这一瞬间看到了这个孩子的善良，隐约地觉得孩子这样，肯定和他父母的教养方式有关，就想找他父母谈谈，希望能彻底解决这个孩子的问题。于是我问："你爸爸妈妈在哪个单位上班，我可以找他们谈谈吗？你放心，保证不是告状。"这让孩子一下显得非常为难，情绪一落千丈。

　　这时围观的一个孩子在旁边小声对我说："阿姨你别问了。"我立即意识到这个孙小力的家庭可能有问题，话头赶快打住，向他表示道歉说："噢，对不起，不说这个了。"我拿出带过来的书说，这本书很好看，圆圆就很爱看这个，问他想不想看看。

　　他点点头。看了一下书，眼皮又耷拉下去了。

　　我把书放到他手中说："这本书送给你，回家看去吧。另外，圆圆在家里有很多好看的书，你要是想看的话，可以让她带来，借给你看，你看完一本还回去，然后再借一本。好不好？"

　　他双手接过书，眼睛里闪现出光泽，又点点头。

　　跟前围观的孩子越来越多了，我怕孙小力有心理压力，就说，那我们今天就这样，好不好？他还是点点头，样子显得很乖，他肯定是没想到我会这样和他解决问题。

　　我领着圆圆往家走，刚才不让我问孙小力父母单位的那个小男孩凑过来，神秘地对我说，孙小力的爸爸在监狱里呢。我有些惊讶，然后对那个男孩子说，他爸爸在监狱，他心里肯定很难过，不愿让别人知道。这事我们知道就行了，以后别再对别人说了，好不好？男孩子立即很懂事地点点头。

　　从那以后，孙小力果然再没欺负过圆圆。过了一段时间，我又让圆圆带给他一本书。我问圆圆，孙小力看没看这两本书，她说不知道，也不愿意去问他。可能她还是尽量躲着孙小力，不想招惹他。但听她说孙小力现在不欺负女生了，可还是动不动就因为其他原因挨老师的批评。有一次圆圆去老师办公室送作业本，老师把孙小力的妈妈叫来了，他妈妈看样子很生气，突然站起来踢了孙小力几脚。

圆圆说这件事时，口气里流露出惊恐，那样的场面对她来说太不可思议了。

我对圆圆说："他妈妈这样确实不对，太伤孩子的自尊心了。这样的家庭，孩子有什么办法呢？其实不是他的错，是他父母的错。所以你不要歧视他，遇到有别的同学对孙小力说歧视侮辱的话，你也要去制止。不要把他当成坏孩子看，他就是个普通的同学，大家现在对他一视同仁，他长大才能做个正常人。"

我后来从一个关于动物的电视节目中听到一句话，说心灵受到创伤的小象性成熟早，且攻击性强。这也许能解释这个孩子为什么会出现以上那些情况。

我有些心疼这个孙小力，很想帮帮他，想找他妈妈谈谈，改变一下教育方式，孩子的可塑性是多么大啊。可他妈妈那个样子，我有些害怕她，没有把握能和她沟通。而且我当时工作特别忙，经常加班。后来不再听圆圆说到孙小力，我也没再去想这个问题。现在想来有些后悔，也许我当时找他妈妈谈谈更好。但愿这个孩子现在已变得很好。圆圆上完五年级我们就离开了烟台，此后也再没这个孩子的消息了。但愿他能正常地成长。

2006 年，我从报纸上看到一个事件，北京某小学一个女孩子的父母，因为他们的女儿在学校和一个男孩子发生了一点小冲突，夫妇俩第二天就到校去找这个小男孩算账。他俩直接找到小男孩，把男孩暴打一顿，导致男孩死亡。这起悲惨的事件毁了两个家庭。这对父母，他们不但葬送了他们自己的未来，也让他们深爱的女儿只能在孤独中成长，没有父母相伴。

退一步，即使男孩没出事，家长这样一种做法仍然可恶。从远处说，他们这样的行为，如何能教会孩子做人处事？从近处说，这样去学校丢人现眼，以后让他们的女儿如何在学校中抬起头来？他们既是在夺走女儿当下学校生活的快乐，也是教给她做个报复心强的人，夺走她未来的幸福。

每个孩子在学校都有可能遇到"坏同学"，家长如果需要出面，目的应该是帮助孩子解决问题，化解矛盾，而不是去报复。针对不同的对象可以有不同的处理方式，有一个底线，就是在生理及心理上都不能伤害那个"小敌手"，而是像尊重自己的孩子一样，尊重那个孩子。同时要考虑所采用方式对自己孩子人格行为的影响，以及对他今后人际关系的影响。爱孩子，就帮他创造一个和谐的局面，不要给他制造麻烦。

"三不原则" 让孩子学会与同伴相处

　　儿童间的冲突没有任何恶意，这恰是孩子们学习与他人相处的契机，儿童有能力自己解决相关问题——只要他们成长中获得过友善和尊重，只要他目睹过得体的礼貌和修养，他就得到了这方面的滋养，同时也习得了这些东西。

　　孩子们在一起玩的时候，互相发生点小矛盾小摩擦很正常，家长不必把这看成是问题，不必马上出面干涉，更不必因此而生气。

　　不严重的情况下，假装没看见，把矛盾留给孩子们自己解决；较严重时，简单地拉开即可，不必计较自己的孩子吃亏了还是占便宜了。道理可以简单讲一下，不讲也行，关键要保持友好轻松的态度。这看似有些不作为，却正是培养儿童健康人际关系最基本、最简单也最有效的方法。

　　我把这种方法总结为"三不原则"：**不生气，不介入，不怕吃亏。**

　　我女儿圆圆四岁前的固定玩伴是婷婷和小哲，都是女孩，出生时间差不多，且在同一层楼住着。三个小家伙总是东家进西家出地在一起玩。婷婷和圆圆性格比较温柔，小哲比较急躁，常常在抢东西时占上风，发生冲突时就会狠咬对方一口。我记得有两次圆圆去小哲家玩，突然哭着跑回来，说小哲咬她了，胳膊上有明显的牙印。

我总是看看她的小胳膊，笑着对她说："哦，又打架了。"然后轻轻地吹吹她被咬的地方，问她："不痛了吧？"她如果说还痛，我就再吹吹，或轻轻地吻吻，妈妈的吻是最好的止痛剂。她如果说不痛了，我会愉快地说，好，不痛了，那就再找小哲玩去吧。

我的态度对圆圆的影响十分明显，她往往是泪痕未干，情绪就完好如初，马上反身又去找小哲了。偶尔会表现出持续的情绪，说不想去找小哲，要自己在家玩。我也笑笑说："好，那就在家玩吧。"随她的便。她多半坚持不了十分钟，就又想找小哲，或是小哲自己就跑过来了，两人很快又玩得热火朝天。

事实上，婷婷也常被小哲打哭，或者圆圆和婷婷有时会倚仗比小哲个子高力气大，情急之下会把小哲推倒，惹得小哲大哭。我们几个家长持有的态度差不多，当然我们都会告诉孩子要和小朋友好好玩，不要打架不要抢东西，也尽量用引导的方式化解她们的矛盾。同时，对孩子之间的打架吵架，我们都坦然平和，一笑了之，没有谁会算计自己的孩子是不是吃亏了，或是抱怨别人的孩子如何等。所以三个孩子一直在一起玩得非常愉快。

家长的这种态度，给孩子传达一个信息，即发生冲突是件很正常的事，不用在意，过去就过去了，无所谓谁对谁错，该怎样相处还怎样相处——这样一种心理的建立非常重要，是儿童能正常地发展人际关系的必不可少的基础，是豁达、友善的生长土壤。

事实上孩子们确实很快就学会了协调，闹意见的次数越来越少。圆圆四岁时，我们迁居烟台，小哲随后也和父母迁到青岛定居。烟台、青岛离得不远，两个小家伙隔几个月就要见次面，在我印象中，从那时起，她们不管在一起玩几天，再也没闹过意见，总是那么快乐默契，每次分别都哭得泪水涟涟，迫不及待地期待着下一次见面。这份友谊一直持续到现在她们长大成人。

"三不原则"看似消极，意义却非常积极，它的主要功能是避免了成人破坏性的参与，而且它内含一种信念：儿童间的冲突没有任何恶意，这恰是孩子们学习与他人相处的契机，儿童有能力自己解决相关问题。

这个信念的确立非常必要，它是科学儿童观的重要组成部分，可迁移到其他问题的解决上。没有这个信念，"三不原则"就失去了支撑的力量。

很多家长在开始接触到这个原则时，总是将信将疑，一旦在生活中尝试验证，绝大多数人都会收获意想不到的成果。对儿童的能力也会就此有新的认识。

这个原则不仅适用于邻里小朋友的相处，在双胞胎或多子女家庭，以及幼儿园或小学里，都照样管用，因为天下的孩子都一样。

有一对双胞胎兄弟，经常为抢东西或其他事情打架。妈妈开始时的处理办法是问清楚打架的缘由，判断谁做得不对，就打谁的手，或者关小黑屋，并告诉孩子为什么要惩罚他。但小哥俩的矛盾并没有因此减少，随着年龄增长，反而越来越多，一天无数次地哭喊着来找妈妈评理，这让妈妈非常抓狂，经常发脾气。而且两个小家伙都越来越会推卸责任了，有时甚至为了把过错推到对方身上而说谎。

这位妈妈开始意识到自己以前的办法肯定是有问题的，但一时又不知该如何办，于是来找我咨询，然后将信将疑地带着"三不原则"回去了。

过了几个月，我收到她的一封邮件，说咨询的当天傍晚，她正在厨房做饭，听到两个小家伙又在客厅为什么事声嘶力竭地争执起来，然后按惯例一起哭着来厨房找妈妈评理。当她正要按惯例处理时，突然想到我说的"三不原则"，于是改变主意，一边不停手地做饭，一边轻松笑着对两个小家伙说："哈，又打架啊，以后打架别找妈妈了，你们自己的事自己解决吧，妈妈忙，没时间管你们。"

两个小家伙没想到妈妈今天会是这种态度，一瞬间愣了，然后就在厨房吵闹扭打起来，并大哭，都做出委屈万分的样子，边打边看妈妈，等着妈妈站出来评理。妈妈停下手中的活儿，笑着用温和的语气对他们说："厨房太小了，打架伸不开手脚，想打就去客厅打吧。"说完把两个小家伙送到客厅，自己回厨房继续做饭。她刚回厨房还在担心，别真打出问题来。没想到孩子们的冲突好像也跟着自己离开了客厅，两个小家伙居然没有继续接着吵闹，且很快就听到了他们的嬉笑声，妈妈这才把悬着的心放下。

接下来的日子，这位妈妈总是采用这种办法对待两个孩子的冲突，令她感到神奇的是，小哥俩真的相处得越来越好，学会了协调，也开始懂得互相谦让，现在已基本上不再找她告状。令她头痛了好几年的问题，就这样轻松地解决了。

分析这位妈妈的做法，当她不再对孩子间的冲突进行负面看待，不认为孩子间打闹是"错误"、是"坏事"时，她就拿出了轻松的态度，这就给孩子们一个信号，同伴间有小冲突是正常的，不需要进行对与错的评判。同时她不动声色地以信任的态度把处理问题的机会交给孩子们，更进一步为孩子们留出练习解决问题的空间。

家长们经常抱怨说现在的孩子不懂得忍让，不会与同伴相处，归因为独生子女问题，或是"溺爱"问题。其实根本原因是家长们对孩子的矛盾介入太多了。很多家长见不得孩子们闹矛盾。孩子间一发生点什么事，家长马上出面，似乎不出面就没尽到责任，也担心别人说自己不好好管教孩子。

没必要的介入，或不得当的介入，一方面会把孩子间的矛盾刺激放大，另一方面也没给孩子留出学习解决人际关系问题的机会，第三个坏处是容易让孩子遇点小冲突就觉得是个大事，反而变得斤斤计较，心胸狭隘。

"三不原则"的核心内涵是两点：第一，给孩子做出好榜样；第二，营造豁达和善意的环境。两者要的都是家长自身的修养。

有一个五岁的小男孩，周末和妈妈一起去姥姥家，舅舅和舅妈也带着自己三岁的儿子过来，两个小家伙见面后都分外开心。玩了一会儿，五岁的孩子突然把三岁的弟弟抱起来，想要走几步，可由于他力气太小，一下摔倒了，弟弟的头磕在沙发扶手上，大哭起来，五岁的孩子一下子不知所措，羞愧地向大家看去。舅妈过来一看，孩子头上被磕出一个小包，大惊失色地叫起来。五岁孩子的妈妈见自己的孩子闯祸了，非常不好意思，担心弟媳不高兴，立即沉下脸批评孩子，要孩子给弟弟道歉，跟弟弟说对不起。

五岁的孩子可能因为害怕，也可能觉得委屈，只是呆呆地站在那里，任凭妈妈怎么说，都不吱声。姥姥看这情况，沉不住气了，也过来给孩子讲道理，要求他给弟弟道歉。

舅妈一边安慰自己的孩子，一边用暗示的口气说，小哥哥不是故意撞弟弟的，让小哥哥给道个歉，宝宝就不哭了。三岁的孩子听大家都这样说，就一直哭个不停，似乎也在等着小哥哥道歉。

五岁的孩子在一伙人的逼迫下，终于招架不住，低低地说声"对不起"。姥姥嫌孩子声音太低，说没听清楚，鼓励孩子"大声点，再说一遍，好孩子就要勇敢承认错误！"孩子不说，大家就又鼓励他再大声说一次。孩子终于提高声音又说一句"对不起"。话音刚落，大家正要松口气时，孩子"哇"一声哭起来，开始发脾气，乱踢乱打妈妈，拉着妈妈要离开姥姥家。

让我们体会一下五岁孩子的心情。

他和弟弟玩得愉快，情不自禁地抱起弟弟，一定是出于一种好的愿望，或是表示对弟弟的喜爱，也可能是想要展示一下做哥哥的强壮，甚至是想获得大家的某种赞赏，结果却是闯了祸，可以想象孩子当时多么尴尬，多么没面子，且多么担心。假如这时家里人能换一种方法来处理，给孩子一个台阶下，效果一定不一样。

比如态度轻松地对弟弟说："小哥哥是想试试能不能抱得动你，不小心摔倒了。没事，让妈妈给吹一吹，一会儿就不痛了。"或者故意转移一下弟弟的注意力，对哭泣的弟弟说："小哥哥刚才可能是没抱好，摔倒了。要不再让小哥哥抱一下，这次小心点，看能不能抱得动你。"我相信经家长这样一说，小弟弟会很快忘记自己的痛，不再哭泣，很乐意配合。小哥哥这时也一定愿意更小心地去抱弟弟，以免摔倒。这时大家可以顺便告诉小哥哥，以后想抱弟弟的话，远离茶几、桌子等硬物，那样即使摔倒了，也不会碰伤。

当然也有这种可能，这时小弟弟不愿意再让小哥哥抱，或小哥哥不想再抱小弟弟，大家同样可以理解地说："嗯，宝贝真懂事，是担心再摔倒吧。你们现在确实太小了，可能抱不动，过几年再抱吧，再长三年，估计哥哥就能抱得动弟弟了，说不定弟弟也能抱得动哥哥了。"相信家长的话说到这里，全家人的感觉都很轻松，孩子也绝无再计较的可能。

有人担心，如果当时不要求五岁的孩子道歉，是不是他以后会变成一个没有教养的人，做了错事也不懂得内疚？

这种担心完全没必要，这就又涉及我们前面提到的信念问题：**儿童间的冲突没有任何恶意，这恰是孩子们学习与他人相处的契机，儿童有能力自己解决相关问题——只要他们成长中获得过友善和尊重，只要他目**

睹过得体的礼貌和修养，他就得到了这方面的滋养，同时也习得了这些东西。反之，成年人如果对孩子的一点无心之过都不能表现出体恤，大惊小怪，上纲上线，逼迫孩子说"对不起"，孩子也同样会习得这些做法背后的思路。

试想孩子在众人胁迫下，勉强说出"对不起"三个字之后，他的内心更善意了还是刻薄了？他对弟弟的好感是增强了还是被削弱了？他从此以后变得更理性了还是更情绪化了？这样一种处理方式，伤害的其实是两个孩子。那个三岁的孩子虽然得到了一句道歉，内心深处是否也被埋进了一些得理不饶人的俗念？

在处理这件事的过程中，家长当然可以建议五岁的孩子给弟弟道歉，轻松的气氛下，孩子多半是愿意表示歉意的，如果不愿意，家长先代孩子表示道歉，给孩子做个示范。然后告诉两个孩子"好，没事了，你俩再去玩吧"。这件事情到这里结束，那么不光五岁的孩子挽回了面子，从这件事中得到了教训和做事的分寸感，也学到了宽容、乐观，三岁的孩子也同样能学到这些东西。

最后要强调的是，"三不原则"的成功运用，必须是三条原则同时执行，才能有效。很多家长在执行这一原则时，容易注意到不介入和不怕吃亏，却往往忽略自己的脾气，动辄打骂孩子，那么这一方法的效果也会大打折扣。原因是家长自己给孩子做了一个不体谅、不宽容、不友好、爱发脾气的坏榜样。这也是家长需要特别注意的。成人心中有馨香，才能对儿童形成宜人的熏陶。

一个人的人际关系，代表着他的命运

从不吃亏的人或报复心重的人，反而活在十面埋伏的危险中。

儿童的世界非常单纯，很多所谓的问题，其实是成年人强加的，其中比较典型的就是把孩子间的冲突关系看成是"犯错误"，尤其是看成欺负和被欺负的关系。现在很多家长会对孩子说：我们不欺负别人，但也绝不让别人欺负。或直接告诉孩子：你不要主动打别人，如果别人打你，你必须还手。甚至有的家长为了强化孩子的自我保护意识，会对孩子说：如果你在外面挨了打，不还手，回家我就打你。

这样一种教导，可能让孩子学会不吃亏，但人生很长，"不吃亏"到底是一道护身符，还是一种隐患？

发生在成年人世界中的无数事实已让我们看到，从不吃亏的人或报复心重的人，反而活在十面埋伏的危险中。

比如一个风华正茂的年轻人，女朋友和他分手后，另找一个男朋友，他就去报复，最严重的会把人家杀死，然后再自杀。这样一种行为，表面上出于爱，实际是出于恨。这样的人从来不知道爱是什么，他对另一个人的"爱"最多是占有欲，当他不能再占有时，狭隘的复仇心理让他不惜以自己的生命为代价，去毁灭一个让他有吃亏感的人。

大部分"不吃亏"的人虽然可以活得一生平安无事，但"不吃亏"真的为他赢来更多的幸福了吗？

我曾遇到一件事。我女儿上幼儿园时，有一天我去接她，带她在幼儿园院子里玩滑梯时，突然听到旁边一位妈妈大叫起来。原来她发现儿子胳膊上有一块青，上面有牙印，看来是被哪个小朋友咬了。这位妈妈马上声色俱厉地问孩子："谁咬的？"正在高兴地玩着的男孩被妈妈的语气吓着了，一下子哭起来。这位妈妈又大声询问孩子："这是怎么回事，谁咬的？"边说边用眼睛向周围的孩子看去，好像每个孩子都有嫌疑。小男孩不回答，立即拉着妈妈的手就要走，边哭边说："我不玩了，咱们回家吧，回家吧。"这位妈妈却不依不饶地拉着孩子去找园长，要问个究竟。

看着这位母亲一脸怒气地拉着孩子往园长办公室走去，我心里真替她的孩子难过。相比孩子的纯美和自尊，这位妈妈的行为多么粗俗不堪。她不光在丢孩子的脸，也在破坏孩子的人际关系。她这样做，与其说是出于爱孩子，不如说是出于计较和报复。事实上她最爱的不是孩子，而是"不吃亏"的感觉。她这样处理，只是让自己的感觉好一些，却已经让孩子"吃亏"了。

中国传统智慧"吃亏是福"被无数人奉为一种生存哲学。它强调的不是忍气吞声，而是以豁达之心看待世事。所以它不是来自压抑，而是来自气度和容量。

如果一个孩子从小被教导不吃亏，怎么指望他能在成年后体悟出"吃亏是福"的深意，怎么能有"退一步海阔天空"的胸襟？

有些家长深谙吃亏是福的道理，也希望培养孩子无私的品格，遇到

孩子和别的小朋友抢东西时，总是要求自己的孩子出让，这种做法也不对，也是走极端了。

因为自私是人的天性，就像卢梭说的那样：我们原始的情感是以自我为中心的；我们所有的一切本能的活动首先是为了保持自身的生存和自身的幸福。所以，第一个正义感不是产生于我们怎样对别人，而是产生于别人怎样对我们。一般的教育方法有一个错误就是：首先对孩子们只讲他们的责任，而从来不谈他们的权利，所以开头就颠倒了。[1]

幼儿尚未建立合作的概念，自己的玩具不让别的小朋友玩，或抢别人的玩具，这都是正常表现。强迫孩子出让自己的利益，这种做法并不能培养孩子的大度精神，反而强化他的紧张感。如果一个孩子感觉别人总是侵犯他的私人领空，干涉他的事情，他会变得特别警惕，表现得更自私。

孩子间的矛盾，无非起源于抢玩具，或打闹时没分寸感，不小心碰痛了对方等等。成人对待这些小矛盾的态度，比告诉孩子如何做更重要，影响更大。天生不会和人相处的孩子其实不多，只要成人减少干涉，他们多半能进行自我协调。

要用最道德的态度来对待孩子，但不要用很高的道德标准来要求孩子。

有一位家长，他想培养儿子的男子汉气，就对儿子说："如果你跟小朋友发生了冲突，无论谁对谁错，你都不许当着对手哭，因为那样的话，你的对手会很得意，下回还会那样。"这样的家长可能自以为棋高一着，却是既错误地挑拨着孩子们的关系，还非人性地压抑孩子的正常情绪表

1 [法]卢梭，《爱弥儿》，李平沤译，人民教育出版社，2001年5月第2版，101页。

达。这样不可能培养出真正的男子汉，只能教唆出一个压抑的小心眼儿。而根本原因，就在于家长把发生冲突的小朋友看成"对手"，自己就是以一个小心眼儿的态度来对待孩子间的冲突的。

古时候把心胸狭隘的人称为"器小者"，认为"庸猥之徒，器小志近"。**如果家长总以自己狭隘的标准和判断任意践踏孩子单纯的世界，孩子的人际交往就会变得越来越困难，未来也难成大器。**

曾有一位单身母亲向我咨询，她说四岁的女儿很喜欢去幼儿园，但在和小朋友玩耍时，总是扮演边缘角色，受别人的支使，还总是受气。比如抢某件东西，抢不过别人时，就不会再抢，转而玩别的东西去了。有时别的小朋友打了她，泪痕还没干，人家过来找她，她就马上高兴地又去和人家玩，全然忘了刚才被打的事情。这位母亲觉得孩子太懦弱，没有自尊，为此她给孩子讲过道理，也狠狠地教训过女儿多次，却总是没效果，孩子似乎越来越胆小了。她将此归因为孩子在单亲家庭中成长，因缺少父亲的关爱和保护而自卑。所以她的问题是，如何给孩子做心理辅导，是不是需要马上给孩子找个父亲？

寻找同伴并迎合同伴，这是孩子正常天性的表达。在和小朋友发生冲突时，孩子能根据具体情况，主动退让，并且能通过转移注意力自我化解情绪；在小朋友得罪她后，不计前嫌，快速进行情绪代谢，重新投入友好的玩耍中。所有这一切，都是孩子在用天性中的纯洁、豁达和自爱，努力发展自己的人际协调能力。这是一种潜能，这种潜能几乎深藏在每个儿童体内，只要没有错误的外力干涉，他们都可以在未来的成长中把握好各种交往的分寸。

家长对孩子的负面评价，其实都是她自己心理的投射。她的自卑感和斤斤计较，让她无法完成人际关系的协调，这种不协调性甚至可能影响了她的婚姻关系。她下意识的自我保护，就是让自己远离他人，拒绝交往。现在又不由自主地拽着女儿往这个方向走。

　　从她的陈述来看，她的孩子确实有较重的自卑感，但这自卑感恰是母亲不得当的影响所致。**如果她能用心爱孩子，同时也爱孩子周围的孩子，她根本无须担心自己的孩子会变成受气包。**

　　我询问了这位家长童年的一些情况，她也是成长于一个单亲家庭中，她对自己幼时状况的描述和对女儿现在情况的描述如出一辙，而她自己在陈述中也突然发现，自己对女儿的态度、方法简直就是当年母亲对待她的翻版——这时，她是开始触摸到问题的根源了，这才是改变的开端。

　　孩子天性各不相同，不要指望孩子在人际交往上的表现恰好符合你的理想。他可能是强势的，也可能是柔弱的；可能是狡黠的，也可能是厚道的。这些特征并不代表他将来就是怎样一个人。**只要他在和同伴玩耍时是快乐的，内心是纯净的，就是好的。良好的同伴关系本身就是成长的营养品，能让孩子的心理得到滋养，成长得健康。**

　　当下还有一种令人担忧的现象，**一些人由于自身的不如意或眼界太窄，经常给年幼的孩子灌输社会是险恶的、人心是无常的等等这类负面观念，让孩子从人生初始，就对家门以外的世界不抱有信任和好感。这不但降低了孩子在人际交往上的坦荡，也束缚了他接纳世界的心胸，甚至会培养出反社会人格。**

　　对世界怀有美好的信任，和具有基本的安全防范常识并不冲突。家长应该把人际交往中各种潜在的危险告诉孩子，比如周围的人发生了什么事情，或媒体上报道了什么相关内容，就事论事地跟孩子谈谈，让孩子增加些生活常识。

　　生活本来就是有悲有喜，有常态有意外。知道世界有灰暗，不等于要把世界看得灰暗；知道世界是光明的，也不等于毫无防范心理。我们说吃亏是福，也不是故意让孩子吃亏，或者对孩子被霸凌的遭遇漠不关心。

　　在儿童人际关系的问题上家长要有正面的、深入的思考，做出良好

的榜样。这是你对社会应该有的态度，也是教育孩子应拿出的示范。

正面教育永远是最可靠的办法，正如避免得流感，应通过平时强壮肌体来预防，而不能采用一出家门就戴防毒面具的办法。如果你希望自己的孩子在未来表现出一匹骏马的飘逸，就不要从小教唆他以一只刺猬的姿态活着。

儿童是纯洁的，也是习惯向成人学习的。成人对人对事的态度，都在形成儿童的思维基础，最终转变为儿童未来对人对事的态度。一个人的人际关系，代表着他的命运。**如若我们想培养孩子人际关系上的友善、大度和变通力，就必须首先为孩子做出榜样，在生活中给出这些。**

第四章

比黄金珍贵的四个字

一个孩子在未来生活中的踏实度，取决于他成长中多大程度上受到"实事求是"这四个字的影响，取决于他长大成人后的思维方式与这四个字有多接近。

4

CHAPTER

河流可以是粉色的

圆圆好奇地把一根小手指放到水流下，让水顺着指头再流下去。水流完了，她抬起头来看看我，有点感叹地说："水没有颜色！"

圆圆上幼儿园时，有一学期幼儿园要开设几个特长班，每周上两次课，一学期三百元，谁想上谁上。班里的小朋友都跃跃欲试地要报名，这个报舞蹈班，那个报唱歌班。圆圆从小爱画画，她说想报画画班，我们就给她报了名。

特长班开课后，圆圆每周从幼儿园里带回两张她上课画的画，都是些铅笔画，各种小动物。这些都是按照老师给的范例临摹出来的，老师在上面打分。从她这里我知道，老师的打分是以像不像为标准的。画得越像，打的分越高。

这以后，圆圆画画开始力求"像"了。她很聪慧，在老师的要求下，画得确实是越来越像，分也得得越来越高。可是同时我也有点遗憾地发现，她画中的线条越来越胆怯。为了画得像，她要不断地用橡皮擦，一次次地修改。这与她以前拿一支铅笔无所顾忌、挥洒自如地画出来的那些画相比，有一种说不出来的小气与拘谨。

过了一段时间，开始画彩笔画，圆圆非常高兴，她喜欢彩色的画。

有一天，绘画班老师给孩子们布置了一个作业，要求每人画一幅表示到野外玩耍的画，说要挑一些好的挂到幼儿园大厅里展览。

圆圆从幼儿园一回来，就迫不及待地拿出她的彩笔，找了张大纸画起来。她画得非常投入，拿起这根笔放下那根笔的，连我们叫她吃饭都有点不情愿，胡乱吃了几口，就又去画了。到我洗完碗，她也画完了，得意扬扬地拿来给我看。

我的第一感觉是她画得很用心，颜色也配得很好。一颗红红的太阳放着五颜六色的光，像一朵花一样。以纸的白色作天空，上面浮着几片淡蓝色的云。下面是绿草地，草地上有几个小女孩手拉着手玩。小女孩们旁边有一条小河，河流是粉色的，这是圆圆喜欢的颜色。她为了让人能明白这是河流，特意在河流里画上了波纹和小鱼。

看着这样一张出自五岁小女孩之手、线条笨拙稚嫩、用色大胆夸张的画，我心里为孩子这份天真愉快、为天真所带来的艺术创作中的无所羁绊而微微感动着。我真诚地夸奖圆圆："画得真好！"她受到夸奖，很高兴。

她从来没有这么用心去画一张画，自己也认为画得很好，感觉有把握被选上贴到大厅里，就对我说："妈妈，要是我的画贴到大厅里，你每天接我都能看到。"我说我一定要每天都看一看。

我让圆圆赶快把画收起来睡觉，她往小书包里装时怕折了，我就给她找了张报纸把画卷了，她小心地放到书包里。

第二天下午，我去接圆圆，看见她像往常一样高兴地和小朋友一起玩，她高兴地跑过来。我拉着她的小手走到大厅时，她忽然想起什么，扯扯我的手，抬起头看着我，脸上浮起一片委屈。我问怎么了，她说：

"妈妈,我的画没选上。"眼泪一下子就出来了。

我赶快给她擦擦眼泪,问为什么。她小嘴噘一噘,停顿了一会儿,才低低地说:"因为我把小河画成粉色的了。"我问:"画成粉色的不好吗?"

"老师说小河是蓝色的,不能画成粉色的。还有,白云也不能画成蓝色的。我画错了。"女儿说得神色黯然。

我心里忽然被什么钝钝地击了一下,一张画不能被选上倒无所谓,但因为这样的原因不能被选上,并且导致孩子说她"画错了",这样一种认识被灌输到小小的她心中,却深深地让我有一种受伤感。

我心疼地抱起圆圆,亲亲她的小脸蛋。我说:"没关系,宝贝,你不要在意,没选上就没选上吧。"圆圆无可奈何地点点头。

我带着圆圆往家走,一路思考就这件事我应该对她讲些什么。我问她,画交给老师了吗?她说没选上就不用交,带回来了,在书包里。

回到家里,我让圆圆把画拿出来,她从书包里取出画,已被她折得皱巴巴的。

我把她抱在腿上,和她一起看这张画。我问她:"你为什么要把河流画成粉色的呢?"她想了想,嘟哝说:"说不出来为什么,就是觉得粉色的好看。"

我说:"对,画画就是为了好看,所以我们说一张画,只能说它好看不好看,不能说它对或者错,是不是?"圆圆听了,有点认同,点点头,忽然又否定了,说:"小河不是粉色的,是蓝色的,我就是画错了。"我问她,怎么知道小河是蓝的而不是粉的?

我知道她实际上是没有见过青草地上的小河的,她的经验是来源于以前看过的一些书画刊物和老师今天的观点。我的问题圆圆回答不出,她想了想,有点不耐烦地说:"反正就是蓝的嘛。"

我说,走,咱们看看水是什么颜色,起身领她往厨房走去。

　　我拿出一只白色瓷碗，接了一碗水，放到桌子上，问圆圆是什么颜色。她看了看，有点为难，看看我，不知该说是什么颜色。我问她是蓝色的吗，她摇摇头。我追问是什么颜色，她想了半天，别别扭扭地吐出"白色"两个字。

　　我又找了一只红色的小塑料盆，把水倒进去，问她："是白色的吗？"她看看红色盈盈的水，不好意思地看看我，狡黠地反问："你说是什么颜色？"

　　我笑笑，拿起红色塑料盆，把水流细细地倒入水池，一边倒一边说："你看，水是透明的，很清亮，它没有颜色，是不是？"圆圆听我这样说，好奇地把一根小手指放到水流下，让水顺着指头再流下去。水流完了，她抬起头来看看我，有点感叹地说："水没有颜色！"一副恍然大悟的样子。

　　我说："你说对了。"于是言归正传，领着她回到她的画上。

　　我重新抱起她，拿起她的画，问她："那你说，河流该画成什么颜色？"圆圆不假思索地回答说："画成没有颜色的。"我问："那你该用哪根笔画呢？"她正要说，又一下子语塞了，回答不上来。

　　我笑了："没有一支笔是没有颜色的，对不对？"圆圆点点头。我继续问："那你说，河流到底该怎么画呢？"圆圆眨巴着眼，困惑地看着我，不知该如何回答。到这里，河流已是无法画出了。我看这个小小的人如此困惑，心疼地亲亲她的小脸蛋。

　　为了还原她河流的色彩，我不得不先消灭河流的颜色。

　　于是我慢慢对圆圆说："没有谁可以规定小河必须画成蓝的，小河本身是没有颜色的。但我们画画儿的时候，总得用一种颜色把它画出来呀。如果画画儿只能画真实的颜色，那我们就永远找不到一支可以画小河的笔，对不对？"圆圆点点头。

　　我继续说："还有很多其他东西，在我们的彩笔里也找不到它们的颜色，但我们也可以把它画出来。所以你要记住，一张画只有好不好看，没有对或者错。你可以大胆地使用各种颜色——河流可以是粉色的，只要你喜欢，它可以是任何颜色。"

　　解决了河流的颜色问题，圆圆愉快地玩去了，我心中却又是忧虑又是无奈。我企图以这样的观念影响女儿，呵护她的想象力，可我如何敢领着年幼的孩子，以她的稚嫩，去迎战教育中的种种不妥。最现实的比如以后还上不上这个绘画班？

　　继续上，就得听老师的话，就不能把河流画成粉色的。每一次上课，老师都给孩子们一个画画儿的框框，孩子的想象力会被一点点扼杀。这样的绘画班，只能使孩子的想象力加速度地贫乏。如果不上，当别的小朋友到特长班上课时，女儿坐在小椅子上眼巴巴地看着别人往外走，她小小的心一定是充满委屈的，她怎么能理解突然中止她上绘画班的缘由呢？我的这样一种担忧如何能向她解释得清楚？

　　我叹口气，心里真希望幼儿园取消绘画班，那样的话，让我再交三百元也愿意。

可不可以批评老师?

　　培养儿童的批判意识应该是教育中的一项重要任务。对于中小学生，尤其是小学生，批判意识的培养并不一定要求孩子提出什么新观点来，而是首先让他敢于讲出自己的想法。最典型的就是让孩子敢于对教师的一些言行提出质疑。

　　圆圆小学五年级时，思想品德课讲到为什么要尊重老年人，老师只给出一个答案：因为老年人在年轻时为国家做出了贡献。

　　圆圆回家对我提到这件事情，有些不认同地说："有的老年人年轻时还是小偷呢！"

　　我能理解圆圆的想法，她想到的是除了那些给社会做出贡献的人应该得到尊重，有的老年人虽然年轻时行为不端，但到他们老了，作为一个普通人和一个弱势者，我们也应该给他应有的尊重。但以圆圆当时的年龄，她分析不了太多，只是从直觉上认为老师讲得有些偏颇了。

　　我非常欣赏孩子的看法，她小小的心，已超越了多年来人们常有的功利性的思维方式，开始从人类关怀精神和悲悯情怀出发来思考问题，这确实是值得赞赏。

于是我和圆圆聊了一会儿这个问题。我肯定了她的想法，帮她理了一下思路，让她更清楚地认识到尊重他人是一种最基本的做人的态度，而不是一个交换行为；并且尊重也是有不同层次的——对那些为社会和国家做出贡献的人，要给予崇敬和爱戴式的尊重；对一个囚犯，也应给予他作为人的最基本的尊重，甚至对动物也要尊重。

我们一直特别鼓励孩子有独立见解，在任何事情上都不人云亦云，这与我们一直培养她实事求是的做人态度是一致的。即在任何时候任何场合下，都要真诚地、尽量有高度地看待一个问题，而不是仅仅顺从于他人的想法或某种习俗。这实际上就是在培养孩子的批判意识。

有人说，批判精神是人类文明的重要标志之一，他们认为自然界和人类社会的发展就是一个宏大的批判过程。从达尔文的生物进化论中可以看到，生物的发展正是源于不断地对自身批判。西方教育界越来越重视学生的批判性思维能力的培养，认为批判性思维是学习的一个不可分割的部分，把它与"解决问题"并列为思维的两大基本技能。[1]

培养儿童的批判意识应该是教育中的一项重要任务。对于中小学生，尤其是小学生，批判意识的培养并不一定要求孩子提出什么新观点来，而是首先让他敢于讲出自己的想法。最典型的就是让孩子敢于对教师的一些言行提出质疑。

因为教师是儿童遇到的第一个"权威"，孩子对老师的崇拜和惧怕是天然的。在日常生活中，家长应通过对一些事情的态度来告诉孩子，在和老师相处中既要尊重老师，又要有平等意识，不要惧怕或盲目崇拜，当老师有错误的时候，要有勇气说老师错了。

1　陈琦、刘儒德主编，《当代教育心理学》，北京师范大学出版社，1997年4月第1版，167页。

我的一个老同学对我讲了这样一件事。

她的儿子上小学二年级时，新换了一位语文老师。一年级时的语文老师是个男的，这次换来的是个女的。女老师给孩子们上第一节课时，说要"启发学生的观察力"，就让孩子们说出自己和前任男老师的不同。

孩子们七嘴八舌地找出了好多不同：新老师是长头发，以前老师是短头发；新老师是双眼皮，以前的老师是单眼皮；新老师戴着眼镜，以前的男老师不戴眼镜；甚至有的孩子注意到新老师嘴角有一颗痣，以前的老师没有等等。我这位朋友的儿子从一开始就举手，他本来发现了两位老师间的很多不同，手一直举得高高的，但老师一直没叫他。眼看着自己发现的东西都让别的同学说完了，这孩子急得要命。到最后同学们都已没什么可说的时候，这个小男孩突然又想起一样不同来，于是又高高举起手。老师叫他起来说，男孩子说："您是女的，没长小鸡鸡，以前的老师长了小鸡鸡。"

全班哄堂大笑，老师非常不高兴。下课后老师把孩子叫到办公室严厉地批评，说他意识不好，思想不健康。

孩子觉得非常委屈，回家问妈妈什么叫"意识不好"。妈妈一听，心里倒没觉得孩子有什么错，嘴上却说："你这个臭小子，脑袋里怎么尽是这些歪歪念头，你这样说，老师能不生气吗？活该老师批评你，以后不能对老师这么没礼貌！"

我这位同学只是把这当一件趣事讲给我，我也被小男孩的话逗笑了，但心里很遗憾老师和母亲的做法，她们错失了一个发展孩子创造性思维和敢于表达的机会，把孩子拉得离平庸思维和虚假思维又近了一步。

我们的学校教育或家庭教育长期以来一直在培养"乖孩子"。

在家里，家长代表"正确"，要求孩子"听话"；到了学校，教师代表"权威"，不容许学生有任何"与众不同"。很多孩子长大后被指责为没有思想、缺少创造力，可在他们的思想成长中，不是一直被当作鹦鹉调教着吗？不是一直被当作木偶操纵着吗？他思想上的独立性从哪里去树立呢？

在这个例子中，老师不应该生气，即使孩子的话让她略有尴尬，也应该愉快地予以肯定。小孩子的思想非常单纯，他想得肯定没老师想得多。既然现在是老师做得不妥当，孩子来向家长求助，家长至少应该表示理解，告诉孩子他的想法没错，他能发现别人发现不了的东西这很值得表扬；同时告诉孩子，老师不应该不高兴，不过既然老师不习惯别人这样说，那么以后我们在课堂上就不说这样的话。

可惜的是当妈妈的随口贬损孩子两句，她自己没在意那些话会对孩子产生怎样的影响，但这个影响肯定是有的，并且是消极的。

另一位母亲对我讲了这样一件事。

她正在上小学四年级的儿子有一天忘记把老师发的一张数学卷子带回家，做卷子是当天的家庭作业。为了能按时完成作业，孩子去他家楼下一个同班同学那里借来卷子，把题目都按卷子上的格式抄下来，然后把它们做完。孩子这样做实际上就增加了自己的作业量，因为对于一个小孩子来说，抄一张卷子也不是件轻松的事。作业写完后，孩子很高兴，他认为自己没因为忘了带回卷子而耽误写作业，他甚至感觉老师会因此表扬他。

第二天放学时，孩子一见妈妈的面就哭了。原来，老师说他自己抄的卷子不算，要孩子在原卷子上重做一遍。孩子不想做，老师就把他叫到办公室，要求他必须重做，否则不让他放学回家。孩子只好边哭边写，情绪很不好。老师看孩子这样，就说看来你对老师很不服气，放学时让你妈妈来见我。

妈妈带着孩子到办公室找数学老师。数学老师对这位妈妈说:"忘了带卷子不对,罚他是为了让他以后不要丢三落四的,再说卷子多写一遍学得更扎实,这不是为他好吗?!"

尽管这位母亲觉得老师的话很牵强,可她不敢和老师辩论,就一再地谢过老师后,领着孩子回家了。回家后孩子情绪还不好,她就开导孩子说:"老师说得有道理,罚你一次以后你就不会把卷子丢教室了,再说多写一次还能多学一次呢,你应该听老师的话,老师这是为你好。"

这位家长虽然用这样和老师统一口径的话来教育孩子,但说完后,她看孩子很不愉快,自己心里也不舒服,就有些怀疑自己这样说对不对。事后她很迷惑地问我:"遇到这种情况,你说我该怎么办?"

这位家长的困惑很有代表性,在她内心实际上有两套价值观,一套是与世俗观念相吻合的,即老师懂教育,老师做的一切都是为了孩子好,不可以被怀疑和批评;另一套是她心底向往的,即孩子应该受到尊重,不可以用这样一种作业方式惩罚孩子。当这两套价值观发生冲突时,她选择了前者,这可能和个人平时缺少批判精神有关,在关键时刻判断力不足,下意识地以观念中固有的套路来行事。

但一个人的口是心非哄不了自己的心,也哄不了别人的心,所以她和孩子都难过。

我对这位家长说,她在老师面前约束自己是对的。如果我们没有把握能改变老师的某个想法,就没必要急于和老师讨论谁是谁非,绝不要得罪老师。但回家后那样和孩子说就没必要,应该说真实想法,站在一个很客观的立场上和孩子谈这件事。想想看,孩子在这个时候,多么希望得到家长的理解啊。

这位家长的眼睛里流露出一丝诧异,似乎想从我这里得到证实,她问:"你也认为老师这样做不对吗?"

我说,这件事上老师的处理方式显然不当。孩子忘了拿卷子是不对,但孩子却积极地想办法，向同学借来卷子，把卷子重抄了一次，按时完成了作业。老师如果能在这件事中看到孩子积极的一面，以赏识的心态看待孩子，他就应该像孩子期待的那样给予表扬。至少什么也不说。可他只盯着孩子的过失，并且非常愚蠢地以写作业作为惩罚，还找个冠冕堂皇的理由说是为了孩子好，这让孩子觉得老师既苛刻，又强词夺理。

这位家长可能觉得我说得有道理，点点头，但她还是表现出很没底气的样子，问我："难道我就对儿子说老师做错了？能这样对孩子说吗？"

我理解她的不安，对她说，告诉孩子老师某件事情做得不对，这和背后说老师坏话完全不是一回事，在这方面应该有坦然的心态。教师也是普通人，是普通人都会犯一些错误。所以当然可以坦率地告诉孩子，老师这样做不对。

我看这位家长面有难色，就又对她说，多年来我们已经习惯了不去批评老师，仿佛老师对孩子说什么、做什么都是对的。事实上我国中小学教师这个职业的进入门槛并不高，成为教师的人并非经过了高于其他职业的道德筛选和素质考证，他们甚至在学历上和其他一些行业人员相比，也无明显优势。如果认为老师是不会犯错误的，这很不客观，而且这样一种认识实际上也是一种虚幻的期待，给了老师压力，却对他们的职业成长没有好处。未来的教师队伍素质应该是较高的，他们的应有素质和已有素质可能会比较吻合，但我们仍然不能说一个人因为他当了教师，就变成了一个没有缺点、不会犯错的人。

我的话可能让家长有些吃惊，但她看起来也释然了许多，她想了想还是有些顾虑地说："我一直教育孩子要尊重老师，这样做会不会降低老师的威信，以后老师就不好管他了？"

我说，这其实也是你不敢对孩子说老师错了的一个重要原因。不过这种担心是多余的。我们应该尊重老师，但不应该把老师当权威供奉起来。现在全社会一个普遍的错误就是把教师树立成了学生面前的权威，这个现象在小学尤其严重。师生间的关系处处流露着强势与弱势、君主与臣民、有知与无知、正确与错误这样一种极端对立的意识。这是不对的，这才会造成孩子不尊重老师，有谁会发自内心地尊重一个让自己不太舒服的权威呢？告诉孩子老师做得不对，这不是教他不尊重老师，而是教给他敢于质疑权威。不要小看孩子，只要管得对，没有一个孩子是不好管的，没有一个孩子是不懂得尊重别人的。其实孩子都很有善意，他们天然地对老师就有崇拜和尊重，我们只要不把他往歧路上引，凭感觉他就会找到那条正道。面对一个值得尊重的老师，他的崇拜想挡都挡不住。

看来我的话对这位母亲产生了影响，她问我："具体地说，我到底该怎么做，怎么和孩子说这件事？"

我说，这件事如果让我来做，我可能会这样处理：首先，如果感觉能和老师沟通，沟通一下最好，让老师认识到这样的"好心"对孩子来说并不是件好事。多做一次作业就可以让孩子学得更扎实的逻辑不是处处成立，当孩子心里有反感情绪时，多做就比少做要坏得多。不少心地善良的老师其实是很愿意接受家长的意见的，他们作为教师，自身也有一个学习成长的过程。如果你感觉不能和老师沟通，那就什么也不说，千万不要和老师搞得不愉快。但回家后，无论如何要和孩子正面谈一下。

接下来的话可能是家长当下最想知道的，她的眼神充满期待。

我说："当你引导孩子去认识一件事或理清一个思路时，最好采用一问一答的方式。让孩子在家长的引导下，把想法讲出来，把思路理清楚，这比单方面由家长讲道理效果要好。"

"比如这件事，你可以先问孩子是不是觉得不愉快，觉得委屈。首先要对孩子的情绪进行安抚，表示你的理解。然后问孩子是不是觉得老师做得不对，哪里做得不对，写作业的意义是什么，老师的行为是否实现了这个目的，老师把一张无关紧要的卷子看得那么重反映了他怎样的一种认识，这种认识和孩子的认识主要区别是什么，谁的认识对学习更好，老师怎样做是对的，如果你是老师你将会怎样处理……问答过程中，一定要注意个人思想的客观公正，不要带着情绪说话，目标要指向问题本身，而不要指向老师。通过一连串问答，让孩子明白这件事情的根本错误在于老师观念上的错误，所以自己可以拒绝重写一遍卷子，以后遇到类似的事情也要有勇气说不。"

这位家长不住地点头，看来她的思路渐渐清楚了，但她还是有一个很大的顾虑。她说："现在学校管理得比较严，老师虽不打骂孩子，可万一这样做惹得老师生气，给孩子小鞋穿怎么办？"

我说，一般情况下，老师当时可能生气，事情过去后应该不会和孩子计较。如果不幸遇到一个心胸狭窄的人，给孩子冷暴力，家长应该赶快协调孩子和老师的关系。这样的人虽然可恶，但也很简单，家长可以在事后想各种方法去和老师沟通，和老师搞好关系，并注意这种关系的保持，直到他不再教孩子。千万不要让孩子独自去承受这种冷暴力。

我想了一下，又补充说，不严重的情况下，我不赞成向校领导反映。弄不好，老师会认为你打他的小报告，他会在情绪上很抵触。毕竟他也是普通人，不愿意被人背后说什么，尤其不愿意有人到领导那里告他的状。当然，如果老师实在差劲，也可以进行公开举报。家长如何处理这些问题，也是在给孩子做榜样。

家长不住地点头。我内心也很希望这些话对她有用。

教师是受人尊敬的职业。我们应该始终教导孩子尊敬老师，但在这件事情上不要做得刻板和过分了。要允许孩子对老师的某些行为提出质疑，允许孩子批评老师，允许孩子在老师面前有自己的想法和做法。如果家长因为这些事训斥或打压孩子，教他说些言不由衷的话，不但压抑了孩子的批判思想，也会让孩子以后在各种关系上变得矫揉造作和奴性十足。

孩子在发展自己的独立思想时，可能会出现偏激。哪怕是偏激，我们也要首先用肯定的态度来看待，分析孩子的想法，然后客观地引导他去形成一个正确的认识，这就是教育的任务。

另外，一个具有批判精神的人，就是一个有个性的人。而凡是个性的东西一定是独特的，独特了就总会和平庸发生冲突。家长在鼓励孩子发展个性的同时，要引导他理解和接纳各种各样的人和事，健康的批判精神应该是视野开阔的，是有高度的，所以应该是具有宽容气度的。

美国教育家杜威说："理智的自由才是唯一的、永远具有重要性的自由。"[1] 这句话提醒我们，思想上的独立和自由如此重要，人的理智不可以有枷锁。这句话读起来有些空，似乎也比较平淡；其实它说得很实在，是儿童教育中非常重要的一个理念，值得家长和老师们时刻关注，深入反思，处处实践。

1 [美]杜威，《我们怎样思维·经验与教育》，姜文闵译，人民教育出版社，2005年1月第2版，275页。

比黄金珍贵的四个字

　　我们几乎可以从一切值得尊敬的人身上看到这四个字，也可以从一切人格缺损者身上感觉到他们在这方面的缺失。

　　给孩子什么，能比给这四个字重要呢？

　　如果让我说出对孩子未来的希望，我希望她将来有一份不错的工作，能从事自己喜欢的职业；希望她有良好的人际关系，有几个一生都能谈得来的知心朋友；希望她能得到一份不错的爱情，有幸福美满的家庭生活……我的希望一定和别的母亲一样，哪个母亲不是这样想的呢！

　　这些希望的实现，不是靠运气，不能由上帝从空中送来，它靠的是自己。

　　"性格即命运"这句话是真理。因此，当我殷殷期盼孩子一生幸福时，对她的心理健康就充满切切之意。

　　健康的心理犹如一座花园，里面生长着自信、友善、诚实、理解等花朵和草木——它们植根的土壤就是四个字，没有这四个字，心理健康谈不上，幸福也谈不上，犹如没有土壤谈不上万物生长一样。

　　如果让我为女儿的人生厅堂里悬挂一幅座右铭，给她以一生的指引和护佑，我要写下的是这四个字：实事求是。

这四个字如此朴素，朴素得宛如空气，常常叫人淡忘，却是人生中无时无刻不能离开的东西。我们几乎可以从一切值得尊敬的人身上看到这四个字，也可以从一切人格缺损者身上感觉到他们在这方面的缺失。

给孩子什么，能比给这四个字重要呢？它真比黄金更珍贵。

人们非常容易做到的是从理念上、词语上告知孩子要"实事求是"；人们同样非常容易犯下的错误，则是言行上的不实事求是。这种错误往往在不经意间出现，给孩子带来负面的影响，使孩子不知不觉走到实事求是的对立面去。

比如有的家长当着孩子的面说"有钱人没有一个好人"，然后又抱怨自己家里的钱太少，接下来把赚不到钱归因于社会或他人的影响。这一圈话说下来，孩子就被搞糊涂了。还有的家长，一方面要求孩子做事踏实，另一方面自己却爱虚荣爱摆谱。这样的家长，即使把"实事求是"整天挂在嘴边，孩子也难以领悟到这四个字的内涵，难以内化成自己的思想。

所以，如果希望孩子真正获得这四个字，家长一定要经常反观自己，反思自己的言行是否实事求是。身教重于言传，这方面尤其如此。

在对圆圆的教育中，我和她爸爸很少对她提到"实事求是"这四个字，但一直尽可能地按这四个字去做。首先是自己做出表率，尽量按这四个字去行事。其次是在对她的教育中尽量遵循这四个字。

除了我们自身在生活中和工作上尽量以实事求是为准则，让孩子看到什么是实事求是；同时，对孩子，亦坚持实事求是的教育方针。

我们从未要求她考试成绩达到多少，从不跟别人比较名次，是要她在学习上实事求是。我们绝不强迫她做任何不想做的事，是因为我们愿意实事求是地考虑孩子的心理感受，不追求孩子表面上的服从。我们特别愿意接受来自他人的意见，包括孩子的意见，一家人经常坐在一起开"提意见会"，这让孩子学会用实事求是的眼光看待自己和他人身上的缺点，客观面对，积极改善……实事求是的教育在一切生活细节中，随处可以发生。

圆圆小学一年级第一学期结束时，班里选三好生，无记名投票，每人可以选三个人。圆圆回家告诉我她得票最多，全班四十五人，她得了四十三票，缺的那两票是两个男生没投自己。我问她怎么知道谁没投她，圆圆说是那两个男孩子下课后自己跑来告诉她的。

我虽然为圆圆得票多而高兴，却在一瞬间闪过这样的念头：看来圆圆自己投了自己一票，这合适吗？那两个男孩子不投她的票，是不是对她有什么意见了？但我很快意识到自己的俗气。

孩子为什么不可以坦然地投自己一票？小男孩不投圆圆的票怎么就是对她有成见了？他们只是些六七岁的孩子，心地都那样纯洁，脑袋里哪有我这些俗不可耐的想法。圆圆对我讲这些时口气那样自然愉快，说到那两个男孩子时宛若说到投了她票的同学，毫无异样。

我庆幸自己没有失口，否则只要我两句惊讶的话，就足以让孩子不知所措，让她的心田遭到污染。看着圆圆天真无邪的样子，我只是亲亲她的小脸蛋，满怀欣赏地对她说，看来宝贝做得不错，得那么多票。

第二天，圆圆写完作业后忽然想起什么来，问我："妈妈，你说自己能不能给自己投票？"我肯定地说："能啊，只要觉得自己够三好生条件，就可以给自己投，你不就是这样做的吗？"圆圆有些奇怪地告诉我，她同桌的小男孩今天对她说，选三好只能选别人，不能选自己，选自己就是不谦虚。

我猜测也许是昨天晚上男孩受到家长的影响了。但我没讲出我的猜测，只是笑笑对圆圆说："他理解错了，你去告诉他，如果觉得自己条件不够就不要投自己，如果觉得够了，并且希望自己当三好生，就可以投自己。要是心里想当三好生，并且觉得自己够三好生条件，却故意不投自己，那才不对呢。真实的谦虚才是好的，假谦虚不好。"

我的话让圆圆很释然，此后她每学期选三好都投自己一票，因为她一直成绩名列前茅，担任班干部，她对自己有自信。

但圆圆也渐渐发现了同学们在这方面一些微妙的想法和做法。大家越来越在乎谁投了谁的票，同时没有人愿意承认给自己投票。圆圆慢慢能感觉到别人为什么这样做了，但是当有同学问她投了谁的票时，她总是毫不隐瞒，如实地说也投了自己一票。她这样说时，感觉到一些别扭，就回家跟我说她的困惑。

我对她说，怎么想的就怎么做，怎么做的就怎么说。你投票给谁，谁投票给你，只要你觉得愿意，就坦荡荡去做，没什么不好意思，装模作样才不对，才应该不好意思。

圆圆越来越能接受到实事求是的力量，也就凡事越来越知行合一。

圆圆上初一时班里也搞了投票选三好生，她还像以前一样投了自己一票。但那次圆圆没当选三好生，因为体育成绩没达到评三好要求的"良"，她失去了评选资格。

圆圆之所以投自己一票，是因为在这之前我们俩谈起过这件事。她希望一直保持"三好生"的荣誉，担心自己上初中后体育成绩一下子变得不好，会影响评选。我和她分析说，学校应该会考虑你只有十岁，比同学们小两三岁。你们这个年龄段，年龄相差一年，在体能上就会差很多。你和班里同学至少差两岁，别人都开始进入青春期，身体迅速发育了，你还是小学生的年龄和体格，体育达标方面不能和同年级的人比，只能和同龄人比。

我还提起她班主任在家长会上表扬了四个天天坚持晨练的孩子，其中就有圆圆，认为以她的表现，评三好应该没问题。

但学校没考虑她的具体情况，以圆圆体育成绩只是及格没达到良为由，不给圆圆评选机会。所以到第二年又选三好生时，圆圆就没再投自己，全投了别人，因为她的体育还是没达到"良"。

我有些心疼圆圆，但也欣慰她心态的稳定和大气。

过了不长时间，班里又投票选班干部。圆圆把票投给了一个平时不太喜欢的同学，她说因为那个同学工作能力挺强的，适合担任那个职务。当班干部，在初中生那里往往是一种荣耀，所以初中生手中的一票投给谁往往受情绪影响，他们可能在投票时更关注自己和谁关系好。圆圆能以工作能力来考虑投票给谁，这种实事求是的精神非常可贵。

一个孩子在未来生活中的踏实度，取决于他成长中多大程度上受到实事求是精神的影响，取决于他长大成人后的思维方式与这四个字有多接近。

实事求是的对立面不是虚假，是虚浮——虚荣、浮躁，以及这之下的偏执和嫉妒等——看似小问题，在不经意间流露，却有相当的破坏力。

现在，望子成龙心切，不少家长虚荣心、浮躁心跟着上涨，偏执行为频频出现。我接触了不少家长，不断地帮助一些家长解决子女教育中的一些问题，但也不断地感叹一些问题的微妙和难以解决。越来越发现，很多父母不当的教子方法其实不是由于他们教育知识欠缺，而是由于虚荣和浮躁。

一个认识的人给我打电话，说她亲戚的女儿现在有些心理问题，问我可不可以给女孩做一下心理辅导。这个女孩已经二十五岁了，父亲是一位中学高级教师，在一所很有名的中学教书，并且总是带高中毕业班，他教的毕业生大部分都上了重点大学，他个人在行业里也小有名气。女孩的妈妈也是中学老师。女孩在这样的家庭中一直被严格要求，学习成绩一直不错，高中就读于父亲所在的中学。

按女孩当时在学校的排名，有可能考上清华，但没把握。填报志愿时，父亲说你要是考不上清华，我以后教书就没说服力了，力主女儿报清华。妈妈也劝孩子说，你要是考上清华，我在学校管学生都有了底气。

为了让孩子没有其他的想法，他们建议孩子只报一个志愿，没报第二志愿，期望以这种破釜沉舟的方式把孩子送进清华。结果女孩差八分没考上，只好去复读。一年后再次填报志愿时，女孩有些胆怯，第一志愿不敢报清华，想报另一所较有名气的大学。但父母认为那所学校以去年的分数就可以上，既然都补习一年了，就应该争口气考上清华，于是又怂恿孩子报了清华。这次幸好在清华后填了第二志愿，结果还是差了几分，没被清华录取，上了第二志愿的大学。第二志愿大学其实也不错，但这一家人却总认为不上清华就委屈万分，做父母的总是因为孩子补习了一年才考个普通大学而觉得没面子，唉声叹气，言语间有很多不满，弄得孩子读了四年大学一直很郁闷，中间甚至休了半年学。

女孩本科毕业时又去考清华的硕士，还是没考上，就想出国留学。申请了两所国外名校，不知为什么都没成功。又一次备受打击。她父母后来通过关系帮她找了个不错的工作，按说应该高兴，可让女孩不爽的是和她一起来单位的另外两名同届毕业生都来自名校。干了一年后，那两位中的一位被提拔当了一个小负责人，这让女孩终于受不了了，没请假就离家出走半个月，回来后再也不肯去上班了。

现在女孩每天把自己关在屋里，除了上网和睡觉，别的什么都不干。在众人的苦苦劝说下，去看了一次心理医生，医生说她是抑郁症，跟她谈了一次话，开了药。但这又有一个多月过去了，没有一点作用，现在女孩不但整天把自己关在屋里，甚至连窗帘也不允许别人拉开。

女孩的父亲也快要崩溃了。他一直争强好胜，在任何事上都不服输，孩子这几年来的不顺对他的打击非常大，他觉得作为家长他太失败了，太没面子了。

我听完这种情况后非常为女孩惋惜，但告诉对方我做不了这个心理辅导，不是不想帮，是帮不了。

从他的叙述中，特别是对一些细节的描述中，我已清晰地看见女孩怎样走到今天。虽然我听到的是一件相对孤立的事情，但几乎可以肯定，她父母能在孩子考大学这件事上那样想问题，在平时的生活中也一定充满了同样的思维方式。所以女孩子的问题不是一朝一夕的事，而是积淀已久的一个问题，高考只是把问题往更坏处推了一把。

虚荣的家长累坏了自己，也坑了孩子。

如果时光能倒转，我会愿意去帮忙，我要赶快去对她父母说，在对孩子的教育中，要抛弃虚荣，一切都应尽可能从实事求是的角度出发，越是实事求是，你女儿的人生就越是顺利，她的生活才可能更幸福，才会让你们更骄傲。

卢梭说："最高尚的道德是消极的，同时也是最难于实践的，因为这种道德不是为了做给人家看的。"[1] 把这句话从对待他人那里推广到对待自己上，就可以这样理解：人在针对自我做一件事时，也必须要实事求是，做什么事情"不是为了做给人家看"，这就是人对自己的真实，也是对自己的善待——不过它可能同样是"难于实践的"。

家长往往不容易对自己的虚浮产生警觉，这也是虚荣和浮躁经常发生的原因——小到胡乱奖赏和惩罚孩子，虚话大话连连，言语间贬损对

1　[法] 卢梭，《爱弥儿》，李平沤译，人民教育出版社，2001 年 5 月第 2 版，113 页。

手；大到在孩子选专业、选工作甚至选对象等方面乱指挥——经年累月、点点滴滴，不知不觉中搞乱孩子的价值观，使他们整个人一直飘忽着，双脚不能踩在地上。

不踏实是生命中的硬伤，它扭曲人的思维方式，使人既无法客观地面对他人，也无法真实地面对自己。

没有实事求是精神的人，即使他很精明，也往往目光短浅；即使他很努力，也总是后继乏力；即使他很自大，也暗中没有底气；即使他想要去爱，也不会好好把握。他既缺少平和与宁静，做不成一个平凡而幸福的人；也缺少个性和创造力，难以成为一个出类拔萃的人。

培养孩子实事求是的精神，除了家长以身作则，注意言行上的影响外，我认为阅读也有很好的作用。尤其是一些人物传记，对儿童的影响很大。

那些杰出人物，无论是科学家、艺术家，还是政治家、企业家，他们对事业的热爱、意志的坚定、开创性的勇气、有高度的认识，无不透露着实事求是的思维方式，无不充满着实事求是的精神。他们的成果，莫不是植根于实事求是这一坚实的土壤。阅读伟大人物的传记，就是在和一些优秀的人、优秀的思想交流，就是在形成自己真善美的情怀。（建议选择自传，由他人写的传记要选择那些流传时间长、作者身份亦不俗的。）

实事求是，这四个字素颜无痕，却给人以最好的保护，极尽平实，却给人带来光彩。我想再一次地说，给予孩子这四个字，真是比给他黄金更珍贵！

第五章

"儿童多动症"是个谎言

谈"儿童多动症"像在谈医疗，实际上仍然是在谈教育，谈当代一个非常大的儿童教育陷阱：教育问题被当作医疗问题来对待。

5

CHAPTER

"儿童多动症"是个谎言

本文在本书中是一篇比较特殊的文章。标题像在谈医疗，实际上仍然是在谈教育，谈当代一个非常大的儿童教育陷阱：教育问题被当作医疗问题来对待。

近年来，"儿童多动症"似乎成了流行病，电视、报纸及互联网上的"科普宣传"和治疗广告铺天盖地。仅仅在我周围，就有不少孩子莫名其妙地患上了这个病，其中一部分孩子开始服药治疗。

可是，我明明清楚地看到了这些孩子"症状"的出处——他们的家长或严厉或溺爱，教育方法都出现了明显的错误。正是这些错误，给了孩子巨大的心理压力。孩子身上的"症状"，几乎都是在反抗不得当的教育中被扭曲的表现。

同时，我没见到哪个孩子仅靠吃药就治好了"多动症"，相反，吃药后越来越像病人，"病情"越来越严重的孩子倒不少。有的更加暴躁，有的彻底萎靡。

"儿童多动症"这个词越来越像根刺，不时地刺痛着我，促使我去关注这件事。

我前几年在一所小学做管理工作时接触过一个男孩。当时这个男孩上小学二年级，被认为患有严重的"多动症"。

男孩以前在另一所小学上学，从上一年级开始就表现出极度好动。上课满教室乱跑，谁都管不住他，课堂秩序经常被搅乱，弄得老师无法上课。他还总是无端地攻击同学，恶劣到把同学的头摁到小便池里，用蚊香烫同学，至于把同学抓伤、推倒等此类事就更常见了。这遭到很多家长的投诉。原来的小学实在对这孩子没办法，就给家长做工作，要求他转学。他上二年级时被转到了现在的小学。

但转学后情况丝毫没变，新学校也拿他没办法，只好让他的家人陪着上学。他奶奶每天影子似的跟着，寸步不离。上课时和他同坐一张桌子，摁着不让他起来捣乱；下课了抓着他的双手在走廊里，不让他动，怕他抓伤别的同学。这个孩子在学校很出名，连校长都发愁，发现接手这么个孩子是接了个烫手的山芋，不知该拿他怎么办。

我第一次看见这个孩子是在教室走廊里，下课后同学们都活蹦乱跳，三三两两地玩。只有他，双手被奶奶紧紧地钳着，什么都不能干。他眼睛不停地向四周望去，时刻想挣脱的样子，但又挣不开，像只小困兽，眼里全是渴望和敌意，又像个心有不甘的小囚徒。

他的班主任很肯定地认为这个孩子有病，告诉我说，他家人带他到北京最好的医院精神科看过，医生诊断是多动症，要求他吃药，并说要至少服用三年。他吃了三个月，没有一点效果，而药又很贵，现在停药了，倒也没有更严重。

和这个孩子以及他奶奶简单聊过几句后，我直觉认为男孩是个正常孩子。后来了解了一下他的家庭，基本上肯定"病因"就出在他的家庭教育上。

男孩父母是未婚同居，他出生后父母就分手了。男孩的妈妈是来自南方的一个打工的女孩，孩子出生后，她就回了南方，从此杳无音信。

他父亲不知在哪里混日子，行踪从不告诉家里，半年或一年回家打个照面，根本不管孩子。男孩的爷爷是个脾气暴躁的人，当年对自己的儿子非打即骂，现在又用对待儿子的方法来"教育"孙子，尤其把对儿子的不满经常发泄到孙子身上。他的奶奶则是整天包办孩子的一切，又恨不得马上把孙子培养成个人才，来弥补儿子给家庭带来的羞愧，所以整天严格要求男孩，提出很多规矩，男孩达不到要求就大声训斥。

在这样"野蛮环境"下长大的孩子，怎么可能不是个小野人？

看到男孩这么小，已像个坏蛋和囚犯似的活着，我非常心疼这个孩子，觉得如果不想办法改善，他将来只能有两个去处——监狱或精神病院。于是，我对他进行了为期近一年的心理矫治工作。

但我并不是直接给孩子做"思想工作"，而是从消灭"病根"做起，把主要精力放在改善他的生存环境上。

男孩的真正监护人和抚养人是他的爷爷、奶奶，所以我的主要工作对象是这两位老人。初期，我频繁地和他爷爷奶奶谈话，后来也定期和他们接触。我的工作目的其实很简单，就是要求他们不打骂孩子，尊重孩子，不要给孩子压力。

这一点要求看似简单，实则两位老人很难做到，他们已习惯了以前的教育方式。我就反复用各种方式给他们讲，让他们明白粗暴的教育方式和孩子行为之间的因果关系，并以"规定"的形式确定一些他们必须遵守的行为规则。同时从细节上辅导他们如何和孩子相处，如何和孩子说话。

改变家长比改变孩子困难得多，但不改变家长，孩子就不可能改变。

整个过程中，我特别注意对两位老人情绪的把握，首先让他们接受我，对我没有情绪上的抵触，继而接受我的观点。两位老人慢慢开始信任我，再加上我不断做工作，终于促使他们相信自己的教育方法和孩子的问题之间有必然的因果关系，他们逐渐改变和孩子的相处方式，放弃了原来粗暴的做法，不再打骂孩子，孩子随之出现了很大的变化。

同时，我还经常找孩子的班主任交流，尽量改变班主任对孩子的看法，让班主任相信他没病，是个正常孩子。我和班主任一起想办法，通过让孩子为班里做点事来制造孩子的成就感，对他形成肯定与激励。比如利用他喜欢绘画的特长，让他为班里的宣传栏画插图。当班主任不再用异样的眼光看待孩子时，班里的同学们也跟着改变了态度。

我和这个孩子也有过几次交流。开始时一次都没有提到过他打人、破坏课堂纪律等事情，也没有教导过他应该怎么样。我和他的谈话内容主要是动画片和画画儿，因为他喜欢这两样事情，谈这些他有兴趣。我们还互相讲故事讲笑话，一起乐得哈哈大笑。

我尽管当时工作非常忙，也总是尽量找机会和他接触。他只要来到我这里，我就让他感到自己是个非常正常的孩子，让他在情绪上愉快而放松。这样，孩子和我打过几次交道后，不仅没有敌意，甚至产生了情感依赖。过了一段时间，当我确信我和孩子间已建立起友好信任的关系时，适时地向他提出了不许打人、上课不许在教室乱跑的要求。他接受我的意见时，丝毫没有勉强，他的眼睛里闪现着愉快和幸福的光泽。

我的工作取得了非常明显的效果。四个月后，男孩就不需要有人跟着上学了，他开始有了自我约束力，上课不乱跑，也不再主动攻击别人。一年以后，男孩就再也不打架了。论打架能力他应该还很强，但他似乎有比别的孩子更强烈的避免冲突的意识。有两次别的同学打他，他居然能做到抱头蹲在地上忍着。

我分析他的忍耐力可能来源于他非常珍惜自己是个"正常孩子"，而不是"有病儿童"，即使偶尔挨打，也比别人用异样的眼光看他好。现在这个孩子马上要升入小学五年级，学习成绩中等，在遵守纪律等其他方面都完全正常了。他的一双小手再也不需要被大人钳住，他获得了自由，真正有了同学和朋友。

这个患有严重"多动症"的孩子就这样痊愈了。从这里，我第一次对"多动症"这个病产生了疑问。

2007 年夏天，国内权威报纸之一《北京青年报》发表了《多动症儿童，暑期就诊增三成》一文。文中引用北京安定医院儿童精神科主任、一位郑姓教授的话说"北京儿童注意缺陷多动障碍（多动症）的发病率已经高达 4%—5%"。2007 年 10 月 7 日，同一张报纸上又刊登一位叫朱珠的人写的《儿童多动症，告别红处方》，称"据权威调查结果显示，我国学龄儿童的多动症患病率为 4.31%—5.83%"。按照这个比例算下来，估计全国共有患儿近两千万！我又从网上查了一下相关资料，资料显示近年世界各国都有儿童多动症的发病统计，一般从 4%—14% 不等，例如美国的发病率为 10%—20%，个别国家甚至统计为 40%——什么疾病的发病率能达到这么高呢，传染病也不至于如此吧！这么大面积发作的全球性公共疾病，它到底是一种什么病？

这时我看到了两本书：一本是德国自然科学家、最佳医药记者耶尔格·布勒希的《疾病发明者》；另一本是美国著名记者兰德尔·菲茨杰拉德的《百年谎言：食物和药品如何损害你的健康》。这两本书都用翔实的资料和透彻的剖析，揭露了现代医药发展中出现的种种"陷阱"与"黑幕"。他们不约而同地对"儿童多动症"提出质疑，认为这是一种无端地被制造和扩大化的"疾病"。

看完这两本书后，我又上网查阅了一些相关资料，同时重新翻阅了意大利著名教育家、精神病学博士蒙台梭利的教育论著，把所有的资料综合起来，基本上可以得到一个清晰的认识——也许不能绝对地说"儿童多动症"这个病不存在，但就目前的诊断概念来说，它是不真实的。当下对该病的诊断如同把所有咳嗽几声的人都断定为肺癌患者一样极为夸张，毫无道理——从这个意义上说，"儿童多动症"是个谎言。

1. 从名称的变迁，看疾病的无中生有。

现代医学的发展，使人们企图用医学解释一切需要改善和矫治的现象。孩子"不乖"自古就令许多人头痛，于是这个问题进入了医生的视野。

早在一百六十多年前的 1845 年，法国精神科医生霍夫曼写了一本书《蓬头彼得》，该书描写了一个活动过度的儿童，这提醒人们对儿童躁动不安现象的关注。一个世纪后的 1947 年，有专家猜测少数儿童过度活动是由脑损伤引起的，故将该现象命名为"脑损伤综合征"。由于这样定义不足以解释大脑从未受伤的孩子们好动的表现，脑损伤之说行不通，就有人提出这是"脑轻微损伤"的结果。可是，"脑轻微损伤"说在许多儿童的生理检查中根本找不到，在成长过程中也无迹可寻，这样命名也行不通。于是，就离开大脑，提出"行为功能障碍"——这个名称回避了病因不清的尴尬，只是以"表现"来命名。可这个名称由于概念太模糊，被美国食品药品监督管理局禁止。但儿童行为不乖已被医疗界认定为一种需要治疗的疾病。1962 年，一个国际儿童神经科学工作会议决定在本病病因尚未搞清之前，暂时定名为"轻微脑功能失调"（Minimal Brain Dysfunction，简称 MBD）。1980 年，美国公布的《精神障碍诊断和统计手册》中，将此命名为"注意缺失障碍"（Attentional Deficit Disorder，简称 ADD）。最后，在 1987 年，美国精神科医生发明了现在最广泛的名称"注意缺陷多动症"（Attention Deficit-Hyperactivity Disorder，简称 ADHD）[1]。

从名称的演变可以看到，病症产生于猜测，又随着人们对猜测的怀

1　[德] 耶尔格·布勒希，《疾病发明者》，张志成译，南海出版公司，2006 年 6 月第 1 版，99—91 页。

疑而调整。逐渐由硬性特征过渡到模糊特征，由可察性过渡到不可察性。它不是由于深入研究探索而使事情向真相靠近，只是为了保留猜测的合理，让"病症"变得更有存在感，有更大的解释空间。

名称的演变实现了两个目的：第一，摆脱诊断学上的尴尬；第二，成为普遍适用的病症。

由于疾病本身尚属猜测，如何诊断就成了问题。但现实是，很多孩子被言之凿凿地确诊为患了"注意缺陷多动症"（ADHD）。那么，我们看看这个病是怎样被诊断出来的。

2. 诊断上的轻率与简单。

"多动症"的诊断是主观判断，很少有客观依据。有的医生也会做脑神经检查和生物指标化验，但这些对大多数体格无明显缺陷的儿童无意义，且各项生化指标与病症的形成关系也属于猜测，不具有切实的临床诊断意义。

我问了几个被诊断为有多动症的儿童的家长，有国内的，有国外的。接受的诊断手段都差不多，主要是医生向家长询问情况，和儿童谈话，并对儿童行为进行观察，另外使用"诊断量表"，根据量表得分，判断孩子是不是多动症。

量表似乎是一种客观诊断手段，它最能让人相信医生诊断的准确性。真是这样吗？

下面三个量表是被国内多家医院及中国儿童健康网、儿童博客网和中华育儿网等相关医疗网站采用的。为了让大家见识其内容，请原谅我不厌其烦地把它们罗列在这里。

美国简化康奈尔儿童行为量表（每项视程度不同打0—10分，下表同）
①活动过多，一刻不停（　　　）
②兴奋活动，容易冲动（　　　）

③惹恼其他儿童（　　　）

④做事不能有始有终（　　　）

⑤坐立不安（　　　）

⑥注意力不集中、容易分散（　　　）

⑦必须立即满足要求、容易灰心丧气（　　　）

⑧经常易哭（　　　）

⑨情绪变化迅速剧烈（　　　）

⑩勃然大怒或出现意料不到的行为（　　　）

得分及诊断结论：

没有 –0 分；稍有 –1 分；较多 –2 分；很多 –3 分。总分超过 10 分为阳性，即为多动症。

上海市多动症协作组制定的儿童多动症行为量表

①上课时坐立不安（　　　）

②上课时经常讲话（　　　）

③上课时小动作多（　　　）

④发言不举手（　　　）

⑤不专心，东张西望，易因外界干扰而分心（　　　）

⑥情绪变化快，易与人争吵（　　　）

⑦常惹人，干扰人活动（　　　）

⑧不能平心静气玩耍（　　　）

⑨做事心血来潮，想做什么就做什么，往往有始无终（　　　）

⑩做事不计后果如何（　　　）

⑪随便拿父母钞票，或在外偷窃（　　　）

⑫丢三落四，记忆力差（　　　）

⑬学习成绩差（　　　）

⑭ 说谎、骂人打架（　　　）

得分及诊断结论：

没有 −0 分；稍有 −1 分；较多 −2 分；很多 −3 分。总分超过 10 分为阳性，即为多动症。

美国精神病协会制定的诊断标准

①常常手脚动个不停或在座位上不停扭动（少年可仅限于主观上感到坐立不安）（　　　）

②要求静坐时难以静坐（　　　）

③容易受外界刺激而分散注意力（　　　）

④在游戏或集体活动时不能耐心地排队等候上场（　　　）

⑤常常别人问话未完即抢着回答（　　　）

⑥难以按照别人的指示去做事，不是由于违抗行为或未能理解，如不做家务等（　　　）

⑦在做作业或游戏中难以保持注意力（　　　）

⑧常常一件事未做完又换另一件事（　　　）

⑨难以安静地玩耍（　　　）

⑩经常话多（　　　）

⑪常常打断或干扰他人活动，如干扰其他儿童的游戏（　　　）

⑫别人和他讲话时常似听非听（　　　）

⑬常丢失学习或活动要用的物品，如玩具、书、作业本等（　　　）

⑭常常参与危险活动而不考虑后果，如乱跑到街上去而不顾周围等（　　　）

得分及诊断结论：

在七岁以前起病，病史已有半年以上，并具备上述指标八条以上为阳性，即为多动症。

是不是有些触目惊心，几乎所有儿童的正常行为都成了"临床表现"，都成了"症状"！

按这几个量表来判定，"多动症儿童"岂止是上面提到的发病率，几乎所有的儿童都是"患儿"吧，这之中当然包括我自己的女儿——毫无疑问，我女儿圆圆如果在童年时用这几张量表来测，每样都不严重，又都有一点点，平均各项得分为"1"，那么也得被诊断为"阳性"吧。

这样一来，哪个进入诊室的儿童能幸免呢？

《疾病发明者》作者对当前医疗界过度诊断、滥用药物现象给予揭露和批评，称这种现象是"发明疾病"。其中"多动症"就是典型的"被发明的病症"。

他说："医生自己经常搞不清楚，因而常常误用有争议的诊断辅助工具。连多动症支持者都估计，被诊断为多动症的儿童有三分之一是诊断模式下的牺牲品。比较各国也可以发现，把多动症的标签贴在孩子身上是多么随便的事。根据研究，巴西儿童有 5.8% 患多动症，芬兰有 7.1%，阿联酋 14.9% 的孩子患有注意力缺乏症。怎么会有这样的差异？谁知道！小孩每天服药的情况就这样盲目形成，要对抗的病状却十分模糊。'多动症儿童'的沉重标签往往基于医生的主观印象；诊断多动行为的某些准则也可以在多数健康儿童的身上找到，例如经常无法专注聆听他人说话、做作业和组织活动经常有困难、回答问题经常不假思索。这些是症状吗？或者只是令（某些）大人心烦的行为？"[1]

"多动症诊断量表"，这个事关千百万儿童命运与健康的东西是怎样产生的，谁制定了它，经过了怎样的检验与论证？如此粗制滥造、愚蠢

1　[德] 耶尔格·布勒希，《疾病发明者》，张志成译，南海出版公司，2006 年 6 月第 1 版，94—95 页。

做作的东西，竟然被当作主要检查工具给儿童使用。它哪里只是张量表，简直就是诊断圈套！

3. 令人眼花缭乱的"致病原因"。

轻率诊断的背后隐藏着一个难堪，这么"普遍"的一个公共疾病，它的形成机理到底是怎样的，是什么原因导致孩子生病？历经一百多年的"研究"，解释越来越多，可到现在谁也说不清。

从现有资料看，有这样几种病因说。

第一，轻微脑组织损害——这一点主要围绕儿童出生方式进行猜测。在剖宫产被广泛使用前，被认为是婴儿出生时脑部受挤压所致；剖宫产被广泛使用后，却又说是因为剖宫产所致。还有的说是母亲怀孕期感染、高血压，或婴儿期喂奶及其他活动使脑部受到损害所致。总之，孕产期、成长期的每一种情况都被猜测为可能，似乎一个人只要"出生"过，经历过胎儿与婴儿期，他的脑就要被损害。巧妙的是这些"损害"基本上都是不可测的。

第二，城市环境污染造成的铅中毒致病——这个原因听起来有些道理。但这里有几个疑问：第一个疑问是，一百六十多年前问题被提出来时，城市环境污染问题应该不是普遍存在吧？第二个疑问是，每座城市的儿童都呼吸着相同的空气，为什么只有一部分人得了病？第三个疑问是，生活在偏远山村的孩子不得这个病吗？

第三，遗传生理因素——这方面有看似专业的表述，但分析后就可以看到，在没有获得充分证据的前提下，以大脑某个微小的生化指标差异来解释一个病因，这不过是牵强附会。人与人之间本来是有一些生理指标差异的，这很正常；同一个人在不同的气候、环境、心情、年龄、饮食下，许多生理指标都会发生变化。拿不出更有说服力的东西，只好拿鸡毛当令箭了。

第四，维生素缺乏、食物过敏、微量元素缺乏、环境污染、食物添加剂等致病——这类猜测很多，看得让人发晕。几乎是当下社会生活中有什么问题，什么问题就成了病因。如果这些因素都可以导致儿童患多动症，那么剩下的唯一问题就是：以后还有没有健康儿童了？

第五，家庭或学校的教育因素，使孩子心理受到损伤——这是唯一通过直接观察、在大量案例的基础上得出来的，而不是通过猜测得出来的。这个原因最有说服力，可是总被摆到一个最不重要的位置。所有谈多动症的资料都首先试图说明多动症的成因是脑部问题，是个生理问题，而教育问题、心理成因只是偶尔被一些资料淡淡提及。

在这个被淡淡提及的原因之下，没人能解释，一个基于教育形成的问题为什么需要孩子自己服药治疗。近年来离婚数字攀升导致"儿童多动症"发病率高似已成为一种证据，人们发现，单亲家庭的孩子比双亲家庭的孩子更易"得病"——可是父母离婚给孩子带来的心理创伤，吃药能解决吗？父母间的争吵已使孩子内心伤痕累累，然后孩子又被告知自己有病，这难道不是雪上加霜吗？

由著名的诺华药厂资助的德国《儿科医学实务》杂志出了一本《注意力缺乏和多动》专刊，里面甚至推断多动症是石器时代的遗产，并告诉大家"多动症在人类早期可能属于有益的（遗传决定的）行为工具，在现代社会却成了缺点，会危害儿童的发展和社会适应性"[1]。——连人类千万年间保留下来的遗传特点也变成病了，进化倒退了。

4.疾病后果，荒谬的逻辑关系。

虽然病因说不清，关于该病的后果倒是总被描述得很清楚，听起来让人忧心忡忡。不同的资料都在说，多动症儿童如不及时治疗，大多数人会出现青春期犯罪、自控能力差、冲动、好逸恶劳、贪图享受等问题，

1　[德]耶尔格·布勒希，《疾病发明者》，张志成译，南海出版公司，2006年6月第1版，97页。

形成反社会人格，成年后成为酒精及麻醉剂滥用的高危人群，犯罪率较高。总之，他们的未来都是阴暗的，甚至是罪恶的。

一个疾病最后发展为一个道德问题！

多动症与反社会人格之间的因果关系是怎样形成的，"病症"与"犯罪"之间的逻辑关系是如何推断出来的，它们之间的转变机理是什么，没有人能说明。但是，相关医疗信息都在这样说。

人的一种情绪可能会影响一些生理指标，同时一些生理上的变化也可能会给人带来一些情绪上的变化。但生理疾病和人格道德能形成直接的因果关系吗？我们能说有高血压或肺气肿的人最后大部分会变成坏蛋吗？事实是得过脑膜炎、脑瘤、脑萎缩等脑部疾患的人，他们的道德发展和疾病都没有关系，为什么单单是儿童多动症会导致道德变异？

退一步，假如这是真的，童年时期基于遗传或环境罹患的一种病症，最后真的转化为成年后的一种道德面貌，那么患者是否就无须为他成年后的反社会行为负责，因为他自身就是个疾病的受害者？有精神疾患的人杀人不是都可以免死吗？——这样推下来，一个罪犯只要被证实童年时期有"多动症"，是否就可以被减免刑事责任？

5. 为什么被确诊的人数越来越多？

既然"多动症"的致病原因到现在从未有可靠的说法，那么到底是什么原因，让"多动症"确诊越来越多呢？难道仅仅是误诊吗？

其实"多动症"从霍夫曼最早"发现"的一个多世纪以来并未引起人们的特别关注，这种情况直到哌醋甲酯（Methylphenidate，又名利他林 Ritalin）的出现。把利他林的发展史梳理一下，基本就可以明白"病人"越来越多的真相了。

1944 年，Ciba 公司（今天的利他林制造商）的化学家潘尼松合成利他林。这种药最初只用于成年人，用来治疗疲劳过度、心情抑郁、老年生理混乱。在开始的二十多年间，这个药一直不出名，销售也不好，因为它的具体适应症始终不是很清晰。1961 年，美国食品药品监督管理局允许使用利他林来治疗有行为问题的儿童。它曾被发放到马里兰州两所黑人儿童学校，学生服用后，校园里推挤哄闹的情景有所减少。这启发一群美国医生把该药大面积使用于儿童，以发现哪些人需要吃药。开始时药物本身是用来检测孩子有没有病，吃下去行为有改变的就是有病，相反，对药没有反应的就是健康小孩。后来该药作为治疗用药大面积应用于儿童。1970 年美国大约有二十万至三十万儿童服用利他林。[1] 到了二十世纪八十年代中期，有一百万儿童在吃利他林；而到了本世纪初，服用这种药的美国儿童增加到了六百万，其中近一半儿童用它来治疗注意缺陷多动症。[2]

如果在很多年前因为孩子不乖就给他吃药，那一定是件不可思议的事，利他林让不乖变成了一种要用药物治疗的病症。

现在治疗多动症的药物已有很多种，可分为中枢神经兴奋剂、抗忧郁剂、抗精神病药及抗癫痫剂等，但利他林仍是最常用的。需要注意的是，这类药都价格不菲。

资料显示，美国儿童缺陷多动症治疗和药品市场每年高达三十亿美元。到 2012 年，英国的儿童缺陷多动症治疗和药品市场也将达到一亿零一百万英镑。而各大相关制药公司每年还在向游说团体投入大量的资金，要求政府放宽对儿童缺陷多动症药品的限制和管理。

现在，治疗儿童多动症的药品被销售到世界各个国家，ADHD 这一疾病在中国也流行起来。国内某医疗网站有这样一段话："利他林治疗儿

1　[德]耶尔格·布勒希，《疾病发明者》，张志成译，南海出版公司，2006 年 6 月第 1 版，89 页。

2　[美]兰德尔·菲茨杰拉德，《百年谎言：食物和药品如何损害你的健康》，但汉松、董苹译，北京师范大学出版社，2007 年 6 月第 1 版，151 页。

童多动症非常有效，唯一的缺点是，它无法根除这种疾病，只能长期服用。"利他林网上售价每瓶从三百七十元到三千四百元不等。在国外，家里如有孩子服药，这也是笔不小的开支。

美味的馅饼谁都想切一块。在华著名外资药业西安杨森公司宣称，他们研制出治疗多动症的长效型药物——"专注达"，其宣传也很深入人心。

2007年夏天，北京两家最具影响的报纸《北京晚报》和《北京青年报》都发表消息，由美国礼来公司研发生产的中枢神经兴奋剂"择思达"（盐酸托莫西汀）正式登陆中国市场。配合药品上市的报纸新闻中宣称儿童多动症"药物治疗是首选"。相同的宣传进入冬季时又出现，《北京青年报》11月30日在"健康关怀"版又发表《儿童多动症不及时治疗会累其一生》，提醒家长对此病不能掉以轻心，一定要治疗，"药物治疗是首选"，然后告诉大家有一种药叫择思达，"每天一次可全天不间断控制症状，适合长期服用而不会引起药物依赖"。

2008年7月5日该报又发表《小孩子的"注意力"，父母注意了吗？》，提醒家长孩子注意力不集中就是儿童多动症，如果不治疗，除了当下学习困难，50%—65%的人将来会有这些问题：工作中表现不佳，时间观念差，人际交往技能不佳，易发火，性情暴躁，酒精或药物成瘾，犯罪率高等。然后强力推荐说："最近中华小儿神经协会、中华儿科保健协会和中华小儿精神协会三家将联合出台中国ADHD的治疗方案。在这个方案中，哌甲酯（即哌醋甲酯、利他林）被列入第一线首选治疗用药，尤其是长效哌甲酯控释片，具有效果好、维持时间长、不良反应小等优点，逐渐被国内外治疗指南推荐成为治疗多动症的首选药，已经进入了国家儿童医保目录。"类似的宣传6、7月间还在《羊城晚报》《北京晨报》等报纸上出现，都不约而同地提到这三家"协会"和这个药。但除了在这几篇文章中看到这三家协会的名称，网上没查到这三家"协会"的网站以及其他相关信息。我问了几个医药界的朋友，他们也没听说过这几个"协会"。

现在有一种"软广告"——这在广告界是心知肚明的事，即商家广告以新闻或时事评论的方式出现。当然，只要是广告，不论以什么面目出现，都是要给媒体付钱的。

一位美国医生说过一句很经典的话："推销药物最好的办法就是扩大疾病的影响。"这其实是制药业的一个秘密。由于每年只有少量含有新成分的新药进入市场，为了陈药或销售较差的药也能卖出去，制药业必须创造疾病。[1]

恰因为多动症的致病原因不明，诊断全凭主观判断，被诊断者是没有话语权的儿童，确诊才可以扩大化，"患者"才越来越多。

一个大有"钱途"的病，不流行也难。

6. 治疗多动症药物的副作用。

这些药真的像广告中说的没有副作用吗？

关于利他林及其他儿童服用的中枢神经兴奋药的副作用，常见的有这些：食欲减退、失眠、头晕、体重减轻，此外还可能出现过敏、精神运动性兴奋、恐惧和被跟踪的妄想，偶见腹痛。这些副作用一般是写在药品说明书上的，尚不是最严重的，严重的是下面这些不写在说明书上的：

中枢神经兴奋药抑制体重及身高的增长，连续服用中枢神经类药物两年的小孩，比对照组儿童平均身高低 1.5 厘米，[2] 长期服用可能会导致身材矮小。

美国心理健康国家研究所发布的一项神经学研究显示，正常儿童右

1　[德] 耶尔格·布勒希，《疾病发明者》，张志成译，南海出版公司，2006 年 6 月第 1 版，109 页。

2　[德] 耶尔格·布勒希，《疾病发明者》，张志成译，南海出版公司，2006 年 6 月第 1 版，99 页。

脑大脑皮层在七岁半的时候达到最大厚度，而服用中枢神经类药物的儿童达到右脑大脑皮层最大厚度的时间比一般儿童晚三年。也就是说，服用利他林类药品，会影响儿童的智力发育。

儿童体重较轻，正处于发育期，身体各器官尚未完全成熟，他们对合成化学物毒性的抵抗力非常弱，长期使用此类药物会对各器官的发育形成不良影响，甚至留下隐患。

2007 年 2 月 22 日，搜狐新闻网转引《法制晚报》消息称，美国食品药品监督管理局（FDA）发布通告，在 1999—2003 年间使用治疗 ADHD 药品的病人中发现二十五人死亡，其中包括十九名儿童；同时，一份 FDA 报告显示，治疗 ADHD 药品还使用药者出现精神病症状的危险几率上升了 1‰，比如用药患者会出现听觉幻觉、无端怀疑、狂躁不安等精神病问题。FDA 建议，利他林应该在药品说明书中加入黑框警告，提醒人们这类药品可能会增加用药者死亡以及身体和精神伤害的风险。

除了以上触目惊心的副作用，我认为，该药对儿童最大的伤害还在心理上。天天一片药，就是天天一句提示：你是有病的，你需要吃药。

童年不会重复，吃过的药会在体内留下痕迹；被贴上"多动症"标签，也会在心灵留下痕迹。我见过一些儿童，他们吃过一段时间药后，自己就不愿停药，担心停了药自己变得更不如意。药物不仅损害了孩子的身体健康，也摧残了他的自信——这个副作用难道不是最可怕的吗？

7. 家长和教师成为推波助澜者。

"儿童多动症"的信息越来越多，它使很多人相信，确实有这样一种病在威胁着儿童的健康，而且有蔓延上升趋势，连幼儿园的孩子"不守纪律不睡午觉"也被说成是多动症的前兆。我见过不少家长，谈到他的孩子不听话，就会忧心忡忡地认为自己的孩子可能有多动症。因为多动症的"症状"是很容易让家长把孩子和疾病对号入座的。

绝大多数对"多动症"确信无疑的家长，他们对这一病症其实并无了解，甚至没有查过资料，他们的信息主要来源于医生、媒体或道听途说。许多家长是在教师的暗示或建议下带孩子去看多动症的。因为孩子在学校或幼儿园的行为不符合要求，给老师带来了麻烦。老师不愿被一些孩子过多地打扰，不愿或没有能力到教育上寻找问题的症结，于是寻找最简单的解决办法，让家长带孩子去看医生。只要带着孩子去医生那里检查，很多儿童就成了"病人"，他们需要天天吃药，这样老师就从被某些儿童打扰中轻松地解脱出来了。

不少家长也愿意把孩子的一些"问题"归结到客观原因上，这样就不需要家长自我改变，做起来也最省力气。我甚至见过一位高中生的家长，她的孩子一直不肯用功学习，总是不想坐到书桌前，只想出去打球或看电视，她就下结论说孩子有多动症，居然带着孩子去看精神科医生，每天要求孩子吃药。而她自己作为家长，根本懒得去反思自己多年来在教育上的失误，更不愿意去改变自己的教育方式。

对于"多动症"儿童，家长和教师如果能多去关心和理解孩子，用心去倾听孩子的"行为语言"，孩子的一切都会变得正常。他上课不注意听讲，是因为不喜欢老师的讲课方式或对内容没有兴趣；考试成绩低，是因为他压根就没去学习考试内容；攻击同学，是因为他想保护自己或感到这里面的乐趣；做危险动作，是因为他们想表现自己或不知道危险是什么——千差万别的儿童有着千差万别的自我意识，他们的行为表现各不相同。他们还不具有成人的道德观、价值观、忍耐力，以及对后果的预见，所以他们很难用这些东西来约束自己。

成人在多大程度上接纳一个孩子，取决于他在多大程度上听懂了孩子的"倾诉"。

8."多动症"孩子到底得了什么病？

如果说儿童确实表现出一些行为或心理方面的问题，这些问题基本上都可以用教育学来解释。

一部分原因是，家长或教师把孩子正常的活泼好动看成是问题，无风三尺浪，没事找事。大多数原因是，孩子在家庭生活中承受了巨大的心理压力，他们在反抗压力中，发生和发展了许多畸形行为。这些畸形行为当然让人不舒服，追究它的成因，必须要回归到孩子的成长环境，即家庭环境中。

"多动症患儿"越来越多，只说明我们家庭教育中存在的问题越来越多。

现代社会对标准化的追求，使社会生活方方面面都产生着趋同心理。家长总是希望孩子向着"楷模"发展，而不是向孩子自己本来的那个样子发展。成人为孩子设立了太多的标准，认为在标准模式下培养的孩子将来才能成功。比如"爱学习""有礼貌""守纪律""多才多艺"等。儿童在这些方面"听话"，按家长要求去做，就是好的；如果他们不听话，在哪一方面达不到成人的要求，就要被训练，被批评，被训斥，严重的会遭到打骂。

"多动症患儿"的家长往往有偏执人格，他们一方面以自己的思维模式对儿童进行事无巨细的控制，以"爱"的名义不停地打乱儿童固有的成长节奏，使孩子陷入愁苦和恐惧中；另一方面家长自恋感很强，成人意愿不允许受到挑战，固执，自负，凡遇到问题都是孩子的问题，孩子在他们面前是永远的失败者。还有的家长自身境遇不理想，或有人格缺陷，常常把自己的不如意迁怒于孩子，和孩子间发生着或明或暗、连续不断的冲突，给孩子带来持续不断的心理伤害。

分析诊断量表中所有"症状"，反映的都是儿童对自身与世界关系的调整。他们用各不相同的"症状"倾诉他们不断地遭受打击的后果，自卑、不安、厌恶、失望、淡漠、憎恨、怀疑等等，以及这些心理创伤带来的行为变态。要么成为桀骜不驯的小混混，要么成为完全丧失自我的小傀儡，要么成为无法和他人交流的孤僻者——这一切的背后都是儿童安全感、自信心的缺失。

人是何等细腻的生物，儿童从很小就对爱与尊重有了强烈的感知。生活中任何一种境遇都可能引起他体内各项生化指标的改变，即使所谓"多动症儿童"大脑中真的缺少让他安静的"多巴胺"，谁能说清楚这是因还是果？

"多动症"的真正"致病原因"是成人犯了两个错误：错误的儿童观，错误的教育方法。

这样说令很多家长和教师感到不快，甚至反感。他们习惯把问题归结到一个客观原因，并去寻找客观的解决方案。医生给出"多动症"的诊断，减轻了家长和教师对自己教育失败的负罪感，给了他们面子。同时，较之耐心细致的体察、痛下决心的自我改变和呕心沥血的体力与精神双重付出，给孩子吃药是最简单、最不需要家长和教师花费心思的方法——它恰好契合了那些缺少对儿童体谅的、自以为是的家长的一贯行为，所以它也最容易被这些家长接受。自以为是的家长和教师宁可相信药片，也不相信教育。成年人自己犯了错误，却全部推给孩子来扛着。孩子被诊断为"有病"，开脱了父母和老师，却永远地伤害了孩子。

当下儿童流行病还有所谓的"抽动症"和"感觉统合失调"，其症状和多动症大同小异。有人把这两个病算到多动症里，有的把它们和多动症并列。使用药物也都属中枢神经控制类药物。

其实，患"多动症""抽动症"或"感觉统合失调"的儿童的真正不幸，都是他们出生后，正常天性被屡屡剥夺。比如，有位家长在孩子学爬学走路时，怕孩子弄脏衣服，怕他碰伤，就整天抱着不许他下地。其他类似的限制也很多，不许孩子干这个，不许干那个。她的孩子与同龄孩子相比动作十分不协调，十多岁时不得不进入"感觉统合训练班"。同样，许多资料及经验可以证明，经常遭到打骂训斥的孩子，由于压力太大，会出现肢体或五官抽动现象，即所谓"抽动症"。

这些孩子是"病"了，但吃药能解决吗？"训练班"能训练好吗？我见过几个参加"感觉统合训练班"的孩子，他们的家长花了很多钱，但孩子的情况并未好转，有的变得更严重。

9.代表科学和权威的医生们。

再从医生方面看。医疗界一直对这一病症存在争议，有很多医生认为这是发明出来的病，是假病；但更多的精神科医生并不反对给孩子开药。

一方面医生不会从教育学方面去思考，另一方面医生一般不愿意告诉前来就诊的人说你没病，不开药就打发走。

病人有病，没有被诊断出来，医生是要承担责任的；但病人没病，被怀疑有病而进行治疗，即使最后明确诊断为没病，医生也不会惹上麻烦。能捕捉蛛丝马迹的症状并对病症做出诊断的医生，才更受大家的尊重。

另一个原因是，从医学研究上，医生需要不断形成自己的学术研究成果，但并非所有的成果都自研究而来。《疾病发明者》中有一段话非常精彩，摘录如下：

"一种病症的诞生，常起源于某个医生宣布观察到异常状况。起初只有少数医生相信新病征，接着这些少数认同者出席某场会议，会中任命一组委员会负责出版文集，借由文集扩大新病征的知名度并引起各方兴趣。至此，其他医生也注意到新现象，然后刻意寻找症状相符的病人。在这样选择性看病之下，已可能出现一场小流行病。接着许多文章和研究报告开始让大众产生一种印象：医生真的发现新病了。这群医生自创专业期刊发表自己的研究结果——其中保证没有批评性报告。"[1]

第三个重要原因是医生与药品厂家向来关系微妙。包括美、英、德

1　[德]耶尔格·布勒希，《疾病发明者》，张志成译，南海出版公司，2006年6月第1版，55页。

在内的许多国家，制药厂商赞助有关青少年医学期刊、赞助医疗学术研讨会，已成为普遍现象。药厂赞助医学研讨会，会后邀请医生们享受盛宴和豪华旅游。德国法定的医生进修，现在大部分公开由制药企业安排。医学教授和私人医生拿药品厂商一大笔钱后，在记者会上发言。厂商最厉害最有效的手段是赞助医学期刊，在医学期刊上发表研究报告，这些报告有理有据、无懈可击，不但经常对新药核准与否发挥关键作用，还影响以后医生们是否使用该药以及使用范围。[1]

近年来，不少国际著名制药厂大举进军中国市场，国内制药业也发展迅速。国际流行的医药营销模式随之在我国不仅落地生根，而且发扬光大。新兴的庞大的医药代表队伍，像密密的纽带，把制药企业和医生紧紧地连在一起。一些有实力的药品生产厂家请医生通过开处方或做宣传来推销它的产品，这已成常规操作。

一直以来，谁的话都可以怀疑，我们却不怀疑医生的话。因为他们一直代表科学，是关照生命的权威。但利益的驱使如同洪流，可以改变和摧毁很多东西。

澳大利亚医学界总结出五种在临床上贩卖病症的方式：

把生命正常过程当作医疗问题；

把个人问题和社交问题当作医疗问题；

把致病风险当作病症；

把罕见症状当作四处蔓延的流行病；

把轻微症状当作重病前兆。[2]

1　[德]耶尔格·布勒希，《疾病发明者》，张志成译，南海出版公司，2006年6月第1版，26—34页。

2　[德]耶尔格·布勒希，《疾病发明者》，张志成译，南海出版公司，2006年6月第1版，3页。

10. 把药片扔进垃圾桶是治愈疾病的开始。

意大利著名儿童教育家蒙台梭利，是一名医学博士，她曾是儿童精神病科医生。在和不同的患儿打交道的过程中，她越来越感到药物解决不了问题，问题在教育上，教育才是解决儿童精神及行为问题的最有效办法。

她经过多年实践研究得出的结论是："儿童心理缺陷和精神病患主要是教育问题，而不是医学问题，教育训练比医疗更为有效。"[1] 这个结论改变了无数儿童的命运。

她创办了治疗儿童心理创伤的"儿童之家"，主要收治那些精神和智力方面有问题的儿童以及流浪儿。她发明了许多用于改善儿童智力及情绪的教具和教学方法，对学生进行有效的训练。她把这些孩子当正常孩子一样对待，给他们以符合人类自然天性的教育与关爱。蒙台梭利成功地使进入到"儿童之家"的孩子们走出阴影和困境，在语言发展、动作协调、人际交往、学习方面都和正常儿童一样，在政府监督下通过了与公立学校同龄儿童同等水平的读、写、算等考试。她的教育成果在全球教育界引起巨大轰动。

蒙台梭利教育理论和方法的基本原则是"尽量减少干预儿童主动性"，[2] 即给孩子最大的自由，给他们以尊重，发展孩子潜能，让他们学会独立做事，独立判断。哈佛大学教授、教育学家霍姆斯（E.G.Holmes）说："蒙台梭利理论体系的精华是她对下面这个真理的有力论断：除非在自由的气

---

1 [意] 蒙台梭利，《蒙台梭利幼儿教育科学方法》，任代文等译，人民教育出版社，2001 年 5 月第 2 版，4 页。

2 [意] 蒙台梭利，《蒙台梭利幼儿教育科学方法》，任代文等译，人民教育出版社，2001 年 5 月第 2 版，12 页。

氛中，儿童既不可能发展自己，也不可能受到有益的研究！"

"减少干预"，给儿童"自由的气氛"才能培养出身心健康和谐的儿童，这和前面提到的绝大多数"多动症"儿童来自管教严格的家庭，恰形成逻辑上的吻合。如果说真有一种药能治孩子的毛病，那么"减少干预"和"自由的气氛"应该是最好的两片药。

蒙台梭利在《吸收性心灵》一书中说：人是一种有智慧的动物，因而对心理食粮的需求几乎大于对物质食粮的需求。无须恐吓或哄骗，只需使儿童的生活条件"正常化"，他的疾病将消失，他的噩梦将绝迹，他的消化功能将趋于正常，他的贪婪也将减弱。他的身体健康会得到恢复，因为他的心理趋于正常了。

社会生活变得如此细腻，会生孩子不等于会当父母，当代家长需要虔诚地学习如何做父母。如果你家里有个"多动症"孩子，要改变孩子，首先和最重要的是改变家长自己。第一步是果断地把药片扔进垃圾桶，勇敢地向孩子承认：是我错了。这一天是家长的新生，也是孩子的新生！

补记

前面提到的我在一所小学做管理工作时接触到的那个男孩，有一些读者想知道他后来怎么样了，也想了解我当初和这个孩子交流的一些细节。在这里我补记几件事，可以部分地回答读者朋友们的提问。为行文方便，在这里称这孩子为小贝。

事情一：

认识小贝一段时间后，我邀请他和奶奶周末来我家玩，这是为了创造一个离开校园，让孩子能比较放松地和我相处的机会。尽管我当时工作极为繁忙，周末也难得休息，还是专门拿出半天时间来和孩子进行换场地交流。

孩子很喜欢画画，我曾在教室看见过他在本子上画的蜈蚣、蜘蛛、毒蛇等，听老师说他从不用彩笔，都是用黑色的笔，画的都是人们不喜欢的这类动物。

那天孩子和奶奶来我家后，他开始显得有些拘谨，这样子倒是少见。我先和小贝说说话，带他们看了几样我的工艺品和照片等，然后坐下来和奶奶说话，同时给小贝拿了我女儿的一盒画笔和几张纸，让他自己在一边画画。

他很快画好一幅，我一看，有些吃惊，这幅画完全不同于他以前画的那些。画面上有三个人，两个大人中间站着一个孩子，其中一个大人脚下还画了个小小的弹簧线，意思是跳起来了。三个人分别穿着红黄绿颜色的衣服，前面是一条小河，有蓝色的水波纹，水波纹里还有各自衣服颜色显示的倒影。天上一颗红红的太阳发着光，旁边几朵蓝色的云朵。整个画面色彩丰富、气息清新，和他以前的画风形成强烈对比。小贝解释说三个人是奶奶、尹老师和他自己，跳起来的是尹老师。

看得出，孩子此时内心明亮，充满快乐。我由衷地赞美了他的画，问他可不可以把这张画送给我。孩子当然乐意，我让他把自己的姓名和画画的时间签上去，像个正式画家一样。待他签好后，我马上把这幅画贴到墙上，和我女儿的一张画并列在一起。

那天孩子和奶奶离开我家时，我能看出他的恋恋不舍，脸上是从未见过的平和、愉悦，还略带一点腼腆。

这幅画在我家墙上贴了好长时间，直到搬家才摘下来，现在我仍然收藏着它。

事情二：

我一个亲戚从国外回来，带来一些巧克力，我带了一大块到学校。

我把小贝叫到我办公室，把巧克力送给他，他有点诧异。我告诉他这是国外的巧克力，很好吃，建议他马上拆开尝尝。他犹豫了一下，小心地拆开了，吃了一小块，脸上浮起快乐。

看他整个人都放松了，我也用轻松的口气对他说，尹老师是专门研究儿童教育的，特别懂孩子，我发现你真是个好孩子。他听我这样说，又有点诧异，但看得出他很高兴我这样说。

我继续说，以前是人们不理解你，说你有多动症，其实你只是比一般孩子调皮一些，根本没有病，你看你以前吃了药，一点用没有，现在不吃了，反而越来越好，这不就证明你根本没病嘛。而且，你会越来越懂事，变得越来越好。

小贝看着我，眼神明亮。他虽然没说什么，但我相信他内心是充满快乐的，我记得他离开我办公室，一进走廊，就蹦跳着跑，像要飞起来似的。

他走了一小会儿，突然又跑回来，满脸气愤难平。我问怎么了，他努力地让自己平静片刻才讲出原委。

原来，他拿着巧克力回到教室向同学炫耀，说这是尹老师送给他的。同学们不信，说老师怎么会给学生送东西，何况尹老师是校领导，要送也只会送给好学生，怎么可能送给你。小贝解释不清楚，但没像往常那样动手打人，立即跑来我办公室找我。

我听他讲完事情原委，夸奖他遇到事情来找老师，向老师求助，而不是打架，这是非常棒的做法。然后起身带他到教室，告诉同学们说，巧克力确实是我给他的，因为数量有限，不能送给更多同学，只能送给小贝一个人。我没解释为什么送给小贝，孩子们似乎也不需要解释，我只证明他没说谎就可以了。

同学们流露出羡慕的神情，小贝的腰杆一下直了起来。

此后我还不断买些适合他读的书送给他，他虽然没有对阅读表现出特别感兴趣，但我送给他的书基本上他都读了。这一方面更加深了我们的师生情，另一方面对他的智力和情感两方面的疗愈也有一定的作用。据班主任反映，他的学习状态明显好多了，作业基本上都能完成，考试也能把卷子答完，成绩提升很快。

事情三：

从我认识小贝到那个学期快结束时，经过我、家长和班主任等几方面的协调工作，用了大约四个月的时间，小贝的变化非常明显。他眼睛里不再有敌意，目光变得正常，上课不需要奶奶摁着，也不再满教室乱跑，下课能在奶奶的注视下正常活动，不主动攻击同学了。

我对小贝的情况进行评估后，建议奶奶不要再跟着小贝上学了。同时也和小贝谈了一次话。先问他喜欢不喜欢奶奶天天跟着上学，他摇头。然后我征求他的意见，以后不让奶奶跟着上学好不好。他低着头说好，有些羞涩。

我向他表达了赞赏，用他能听懂的话告诉了他这样的事实：你是个非常懂事的孩子，以前别人不了解你，你自己也不了解自己。你以前上课乱跑，下课抓伤别的同学，那是因为爷爷奶奶和老师总是批评你，爷爷奶奶有时还打骂你。你平白无故地受了这些气，气往哪里发呀，只好各种捣乱。现在他们都知道那样对待你错了，他们都开始改变了，你当然也会改变。别的同学能做到的事，你都能做到，你信不信？你要是不相信，咱们先试几天，看看怎么样？

我给出期待，也给出了"犯错误"的空间，让孩子没有压力，即使接下来他做得不够好，也不会自暴自弃。我笃信他会变好，就像笃信今天晚上会有晚饭可吃一样，这份笃信来源于我的专业知识，是基于我对一个儿童的了解及对他心理的把握。

我已提前和班主任沟通好，向班主任提出一些对小贝进行正面鼓励、强化他自信的建议，同时就小贝可能出现的问题商量好预案。班主任非常配合我的工作，小贝也很争气，结果当然是没有什么问题。他的双手再也不需要有人整天抓着，他也不需要时时被盯着，他可以像别的同学一样自由地在校园里活动，这本身对小贝是巨大的鼓舞。

从我着手改善小贝的情况开始，我就和班主任及其他相关老师约定，以后凡小贝的事，怎么处理，先来我这里商量一下，然后再决定怎么办。奶奶不跟着来上学后，他有一次又因为一点小事和同学打架，抓伤对方，班主任带着俩孩子过来找我，问怎么处理。

按过去学校处理此类事情的惯例，首先请双方家长到校，一起对打人者进行批评，打人一方的家长要向被打的孩子及其家长道歉，然后出医药费去看医生，事后再买点东西去受伤孩子家进行探望。小贝奶奶以前没少干这事，整天去这个同学家那个同学家赔礼道歉。

这次，我建议班主任不要找双方家长，因为受伤的孩子只是胳膊被抓破一点点皮，惊动双方家长有些小题大做，没必要。我征求受伤的孩子，不找家长可不可以，孩子看样子也不想找家长，点头说可以。班主任担心受伤孩子家长来找事，说我们一般都是按惯例来处理，不管伤口严重不严重，只要破皮了，就要请家长。

我说，这件事交给我来处理吧，家长如果来学校找事，由我出面来解释。

班主任走了，小贝有些不知所措地看着我，又害怕又不服气的样子。我对他笑笑，又安慰一下受伤的孩子，然后对他们说，走，咱们一起去医院，让医生给处理一下伤口吧。口气就像要一起去听音乐会一样，轻松愉快。

就那个孩子的伤情来说其实是不用去医院的，但为了给家长一个交代，我还是带俩孩子往附近的社区医院去了，路程大约步行五分钟。

我们三个人一边走一边聊天，我随便问他俩一些问题，话题轻松，没一句是关于他俩打架的。在我和他们的聊天中，我注意不时地引导他俩互动几句，让他们互相交流。这样，待我们走到社区医院时，他俩的神情都从紧张变成了放松，开始打闹，以至于进了社区医院后，都有些忘记要来这里干啥。

医生给那个孩子进行了简单的处理，说只是破了一点点皮，不需要包扎，贴了个创可贴，前后花了不到五分钟。我们往回走的路上，又像音乐会散场一样愉快而自在。他俩一路说说笑笑，打打闹闹，十分开心，完全忘记了就在半个小时前他们还在互相干仗。

我找机会对他俩各自表达了赞赏，让他们知道自己很可爱。还告诉他们，小男孩偶尔打打架，不是问题，只是别把对方弄伤，当然，不打架是最好的。

回到校园里，看他们进了教室，这件事就到此结束了。整个过程没评判，没讲道理，让事情不了了之。

我经常看到一些老师和家长把孩子间的小矛盾小摩擦搞成大事，这其实非常不妥当，既挑拨了孩子间的关系，也没有教给孩子善意。

受伤孩子的父母没有给我打电话或来学校找我，可能孩子根本就没对父母提到这事，也可能是父母同样觉得小孩子间打闹弄破点皮没什么。班主任后来向我反映说，小贝和那个同学现在经常在一起玩，变成了好朋友，有点不打不成交的味道。

此后，小贝基本上没和同学发生过冲突，尤其是再也没发生过把同学抓伤的事。我在一年后离开了这所小学，和小贝及其家人还保持着联系，听他奶奶说，他已经完全是个正常孩子了，学习成绩也不错，和同学关系正常，有了几个要好的朋友，相处融洽，周末时几个小伙伴经常在一起踢球。

事情四：

小贝小学四五年级时成绩在班里属中等，但在小学毕业时的"小升初"推优考试中成绩非常好，全班第一名，这是很多人没想到的。奶奶高兴地给我打电话，我们都兴奋极了。

小贝人读了一所非常优质的初中，整个初中阶段成绩保持中等。因为班里的同学都是小升初考试成绩突出的，所以他能在这个班里有这样的排名，意味着他的成绩大大超过以前，将来中考、高考都不会有太大问题。

但中考前，奶奶又给我打电话，说小贝不想上普通高中了，想去读职业高中。我有点意外，问是怎么回事。

原来，孩子是这样想的。他和别的同学的情况不一样，家里经济条件不好，爷爷奶奶都年纪大了，尤其爷爷的身体不好，他如果读三年高中再加四年大学，这对爷爷奶奶来说是很大的负担，他不愿意爷爷奶奶这把年纪了还为他交那么多年学费。他想早点工作，早点赚钱。他喜欢画画，将来想做设计工作，如果读职业高中的设计专业，高中一毕业就可以就业。他觉得学设计在工作中学习更好，将来赚钱了，再进大学深造也一样。

我听了孩子的想法，有些感动，同时也非常欣慰，觉得孩子内心真是既成熟又踏实。他从小学生成长为少年，更是从一个让人头疼的捣蛋鬼成长为一个有想法有担当的小男子汉。小小年纪能有这样的思考和选择，我相信他的未来一定错不了，他会越走越好。我表示完全认可他的想法，支持他的做法。小贝非常开心，奶奶心中的石头似乎也落地了。

一位"多动症"儿童是如何不费力地痊愈的

一位生活在美国的亲戚某天给我打电话，告诉我一个好消息，他刚刚大学本科毕业的儿子被全球顶尖知名公司录取。该公司可谓是全球行业霸主，入职的学历起点一般是名校硕士，一般人很难进入。亲戚的儿子在本科期间就因为出色的专业水平被该公司注意到，临近毕业时即收到该公司的入职邀请函。作为本科生能进入该公司工作，是很稀奇的一件事，这在他们所居住的社区华人圈里引起轰动，周围的人都非常羡慕，他们全家人为此非常高兴。亲戚说他第一个想到的就是要给我打电话致谢，如果没有我，就没有他孩子的今天。

我的这个亲戚夫妻俩都毕业于国内名牌大学，在孩子上小学前移民到美国。他们移民前，我经常去他家，经常见到这个孩子，有段时间还亲自带这个孩子，和孩子建立了很好的亲情。孩子非常聪明，爱唱歌，稀奇古怪的想法多，也喜欢和人说话，并且经常"语出惊人"，逗得人哈哈大笑。

他们一家人移民到美国后，孩子上了小学，因为成绩出色，后来还进入天才班（美国也是有成绩筛选的）。但是就在孩子大约十一岁的时候，有一天我的亲戚突然给我打电话，告诉我一个不幸的消息，说孩子被诊断出了多动症，已经开始服药。这个消息对我们来说都是晴天霹雳。

我记得当时国内各种宣传中关于多动症的内容也非常多，多动症已开始成为一个普及性的概念。我当时对多动症并不了解，也是相信有这样一种病的，但说这个孩子有病，我不太相信。因为从孩子出生我就经常见到，又有几个月的朝夕相处，我非常了解这个孩子，那么健康聪慧的一个孩子，怎么会突然有这么个怪病呢？

我觉得是医生误诊了，但亲戚说绝对不会错，这边的医生水平都很高，不可能误诊，而且这个病是经过数次、数名医生几次会诊得出结论的。

这个消息让我陷入深深的沮丧，几天走不出痛苦，几乎要和他们一起认命。但同时又心有不甘，强烈的直觉让我无法相信。

我想起自己曾在一所小学工作时遇到的一位"多动症"儿童，他所谓的"症状"就是家庭错误教育的后果。事实也证明，通过我后来和他家长、老师的共同努力，孩子变得完全正常。如果说我以前对多动症只是感性的直觉，现在我想要深入了解一下这个病了。

先上网搜索一切我能找到的关于多动症的资料。我惊讶地发现，多动症的诊断原来没有确定的生化指标，完全是医生主观判断。被医生用来进行诊断的行为量表，简直是粗制滥造，像个圈套，会把所有进入诊断的孩子都贴上标签。我作为一名专业教育工作者，一眼能看清楚那些"临床症状"背后是什么问题，它们几乎都可以用教育学和心理学来解释。

那些不被人喜欢的行为，明明是孩子回应外界伤害和不合理评价的正常反应，怎么到医生这里就成了"症状"，成了生理疾病？而生理疾病又怎么能单凭医生主观判断就下结论呢？尤其诡异的是，生理疾病怎么就和成年后的道德面貌挂上钩了，而且怎么可以通过行为训练治疗呢——这些在逻辑上都说不通呀。

我对于亲戚夫妇和孩子的相处方式有所了解。他们两口子都非常出色，从小到大是学霸，工作了是岗位上杰出的人才。不仅对工作精益求精，生活中也处处勤勉自律，堪称楷模和标杆。但他们和孩子相处的问题也恰好出在这里。

他们把自身的习惯和想法，全部要推广到孩子身上，对孩子提出这样那样的要求，孩子做不到就表现出生气、失望，然后更加严格要求孩子，不断地干涉孩子的各种事情，这给了孩子很大的精神压力，孩子慢慢变得固执、脾气大、注意力不集中、对别人的指令自动过滤、逆反，成绩也一再退步。

学校老师向家长反映孩子的情况，以非常专业的口吻怀疑孩子有多动症，建议家长带孩子去看医生，医生以更专业的口吻告诉家长，你的孩子罹患了多动症。一个好端端的孩子就这样被一纸诊断打入病人的行列。

我又到期刊网上查阅了一些相关文献资料，研读了几本相关著作。再结合我的专业知识，教育学和心理学对于儿童心理问题的因果推断，我确信，这个孩子根本没有病，这是一个误诊。

我马上给亲戚打电话，告诉他们我的研究结论，陈述了孩子当时所谓的"症状"和他们的教养方式间的因果关系，阻止他们再给孩子吃药，并向他们提出改善和孩子相处方式的建议。

没想到亲戚根本不相信我说的话，他的口气是"你算老几啊，懂什么，敢这样说"，觉得我在胡说八道，对我的建议非常反感。如果是一般人，我可能点到为止，他不听就算了。但因为他们和我的关系非常近，而且我特别喜爱这个孩子，不能眼睁睁看着他们把孩子毁了，所以我当时非常坚定地、不停歇地通过电话和电子邮件给他们做工作。

十几年前网络还不像现在这么发达，我们的交流主要靠越洋电话，当时电话费非常贵，打国际长途是件奢侈事，但顾不上那么多，有一次我们居然通话三个小时，我像电影《秋菊打官司》里的秋菊一样固执，就是要管，掰开揉碎地给他们讲，不达目的不罢休。为此，我和亲戚的关系都到了快要崩溃的地步，幸亏有亲情才没绝交。

在我的坚持下，孩子妈妈终于答应背着爸爸给孩子停一段时间的药，豁出去试试。她说每天拿出药片让孩子服用时，她都心如刀绞。所以当我和他们"斗争"时，她一方面不相信我的说法，另一方面又希望我说得对。他们内心当然不愿意孩子有病，只是出于害怕而不敢停药。

别说家长，就是孩子自己，当时也不敢停药，妈妈曾征求过他的意见，要不把药停了吧，但他没有自信，怕停了药病情会更严重，也要坚持吃药。

妈妈背着孩子和孩子爸爸把药换成片剂形状相似的维生素。结果是，孩子并没有出现更严重的问题。

更重要的是，虽然他们绝不肯承认孩子的问题是他们的养育方式所致，但他们有意无意地开始自我改变了，从生活细节中减少强势，慢慢练习尊重孩子。

比如下馆子，以前都是爸爸或妈妈替孩子点菜，表面上会问一句你想吃什么，实际上到头来吃什么都是父母做主。后来真正变成了孩子自己点菜，父母完全尊重孩子的选择。以前孩子洗澡超过半个小时，父母就忍无可忍，要去敲卫生间的门，提醒孩子不要太磨蹭，后来，即使孩子在浴室磨蹭一个小时他们也不会去干涉，浪费点水，总比看病省钱。不再计较孩子的成绩，也不再逼着孩子练钢琴，甚至孩子想中断学习几年的钢琴，他们也允许了。

家长的改变，带来的是孩子各种问题的消失。父母终于把有病的标签从孩子身上撕下来。当孩子后来知道他吃的居然是维生素，知道自己根本没什么问题，内心一定是喜悦的。

后来妹妹出生，父母忙着照顾妹妹，不再盯着孩子，给孩子腾出了更大的生活空间和心理空间。同时可爱的小妹妹也给家庭带来更多欢乐，哥哥非常喜欢这个小妹妹，整天和小妹妹在一起玩，这对哥哥也有很大的疗愈作用。

此后这孩子一直正常上中学，读大学，身体和心理都非常健康，个子长到一米八五，为人友善，凡事很有想法，成绩更不在话下，大学毕业前就顺利拿到工作录用通知。而且，以前停下来的钢琴学习到上大学后又重新捡回来，因为孩子是真的喜欢弹钢琴，没有了父母的监督和催逼，反而每天练琴花很多时间，乐此不疲。

我的亲戚在告诉我这个好消息时，还说了一句话，他的原话是："如果不是你坚持要孩子停药，后果不堪设想。"他说的后果不堪设想，我知道指的是什么，因为有参照。

当年，就在他的孩子被诊断出有多动症时，他的一个白人同事的孩子也被诊断出了多动症，两个孩子岁数差不多，症状差不多，那个孩子一直服药，接受了康复治疗，有段时间还有政府福利机构指派的工作人员对孩子进行陪伴。结果这个孩子中学没读完，真的成了病人，十八岁以后被他父母赶出家门，有时去超市做做清洁工，有时流落街头。这个可怜的孩子，他的人生大抵也就这样了。

大约自 2000 年以来，"多动症"开始在中国登陆，各种宣传逐渐深入人心。"疾病"越来越流行，周围不时见到被怀疑有多动症的孩子或已经确诊的孩子。亲戚孩子的"被确诊"促使我开始深入研究这种现象，当时在网上搜索"多动症"三个字，会出现海量信息，其中很多是康复机构信息。

研究的结果让我大吃一惊，这明显是一种人造病——我当然不否认世上一定有极少数孩子由于某种先天原因，会出现行为无法自控、过度好动、注意力不集中的情况，就像我不否认世上有极少数孩子一出生就看不见或听不见一样。但说"多动症"已成为一种大规模流行的儿童疾病，这完全没有道理。虽然从市场的角度来说它出现得合理，但从儿童教育的角度来说，它是个谎言。于是我把研究结果写成了文章《儿童多动症是个谎言》，收入本书。

随着本书2009年下半年开始爆炸式地畅销，国内多动症市场在两三年间断崖式地萎缩了。不敢说是我的文章消灭了多动症，但至少可以说，此文对于遏制这个假流行病的蔓延起到了重要作用，因为同时期我并没有看到其他人就这一病症提出质疑，也无医疗、政策等其他外力干预。目前在中国大陆，人们已很少把多动症当作一种儿童精神疾病来对待，多动症市场几乎偃旗息鼓、销声匿迹了。仅这一点，相信就有很多孩子受益，逃离了厄运。而在这十几年间，此病在欧美等国家据说仍然流行，迄今尚未有减退的迹象。

多动症在中国大陆流行那几年，"自闭症"还不太听说。多动症市场萎缩后，自闭症开始流行。分析其宣传、诊断及治疗，套路和"多动症"大体相同，所以针对儿童心理所创造的医疗市场本身其实并没有萎缩，只是换了产品。而且经过十多年的发展，营销成熟了许多，自闭症在宣传广度及深度上都大大超过多动症。发病率逐年攀升，设立"自闭症日"以加大影响力，引发恐惧的宣传处处渗透，各地政府开始为治疗买单。同时，应对质疑的方式也成熟了许多，质疑的声音会被用各种方式打击。

莫名其妙的儿童流行病背后是巨大的市场，诊断、医药、康复训练等利益链条变得越来越紧密、结实。儿童作为弱势群体，极易遭受此类无生化指标可循、打着"基因缺陷"的幌子却单由主观判断而来的"疾病"的侵害。

对儿童心智的损害不像机体损害那样会立刻呈现后果，需要几年甚至十几年才会显现，伤害过程的隐蔽性与所耗时间的漫长，使很多家长一时无法辨别真伪。还有一些家长，他们对儿童缺少理解，错误地评价孩子，错误地对待孩子，在和孩子相处中无意中扭曲了孩子的性格，但由于他们非常自负，从不怀疑孩子的问题和自己的教育方式有关，习惯于从外面找原因。只要此时有人告诉他们说孩子的问题是一种"病"，孩子自己有病，他们会十分愿意相信，会立即把孩子送入医疗和康复程序。而结果也会毫不例外，孩子会真的变成病人。这真是令人遗憾的现象。

孩子非常纯洁，非常脆弱，成年人应该做的是保护好这些稚嫩而美好的生命，使他们免于被利用、被伤害。在信息杂乱的当下，家长应该积极学习正确的教育理念，用爱与智慧明辨是非，不让自己和孩子成为资本的牺牲品，不当被别人收割的"韭菜"。

保护儿童免受无端的侵害是一项长久的任务，任重道远，但真相终究是有力的，会战胜假象。

美国心理学史上的幺蛾子

俗话说，读史明智，鉴往知来——本文讲述的是心理学史上一段真实而有趣的历史，大约发生在十九世纪九十年代前后的美国。对二十一世纪全球精神医疗市场，尤其是儿童精神医疗市场有镜子般的作用。

让我们从一个故事开始。

1887 年，一个叫波荣的传教士从罗德岛一家银行取了五百多美元现金，突然失踪，遍寻不见，报纸上登寻人启事亦无果。

与此同时，另一个城市出现了一个名叫布朗的人，没有人知道他的来历，只是看到他租了个小店，进点货，做起了小生意，与邻里相安无事。

两个月后，布朗突然对外求助，说他叫波荣，半夜突然被什么声音惊醒，惊恐地发现自己不知置身何处，对两个月以来发生的事一无所知，他能回忆起来的最后一件事是到银行取了五百多块钱。后经过其家人辨认，他确实就是失踪两个月的波荣。

波荣事件引起人们极大的兴趣，有心理学家对其进行研究，使用当时流行的催眠术对其进行催眠后，波荣变回了布朗，能讲出来这两个月间"布朗先生"的一些生活细节。醒来后，他就又成了波荣，和布朗毫无关系。心理学家们对此十分感兴趣，试图解释波荣为何在那两个月中变成布朗，不过到头来一无所获。后来即使波荣再被催眠，对"布朗"的记忆也越来越淡，一年后就完全忘记了布朗这回事，完全成了波荣。

"布朗"消失了，但这件事的影响才开始，它实在太有意思，太有吸引力了。千古常识告诉我们，一个人就是一个人，波荣事件却显示，一个人有可能是两个人。心理学家对此给出的猜测是，很可能波荣体内包含着两个互不相干的人格，即他的一个肉身由两个意识各自独立的人共同寄居，只不过"波荣"长期统治着躯体，"布朗"只在那两个月不知何故出现，暂时地站到了前面。

这样的解释非常新鲜，挑战了人类对自身的了解，此前人们关于人的多面性、人格分裂问题等就一直有探讨和猜测，如哲学家休谟为此提出了"知觉束"理论，认为自我不是一个整体，而是由一组意识组成，身体只是把这一组意识捆到一起而已。由于解释上的牵强，没有形成影响。

现在，波荣事件让心理学家、医生，包括哲学家等一直在寻找的答案似乎有了合理解释，于是人格分裂症开始被解释为一种与个性成长无关的、与生俱来的、不知何由的特殊症状，开始流传，人们管这种症状叫"多重人格"（Multiple Personality Disorder，后来改名为Dissociative Identity Disorder，也译成"解离症"）。

现在我们说"每个人都有多面性"——这样一个简单的判断没有人会觉得有问题——人嘛，都可能在不同的场合表现出不同的状态和个性。

比如很多小孩子在家很活泼，到外面却不敢说话；有的男人在外面像个绅士，回家却打老婆。看新闻报道时也往往会发现，重大枪击案的凶手，邻居在描述他们时，总是说他平时看起来温文尔雅，不多言，不像凶手。这些现象，依我们的常识及社会心理学都可以解释。人是复杂的，每个人在不同的场合都会表现出不同的面貌。

事实是，人基本上都有性格上的多面性和内心冲突，只是不同的人程度不同而已。大多数人在这方面能取得基本的一致，留给不同的人印象大致一样。少数人表现出巨大差异，有时像天使，有时像魔鬼，这种现象被称作"人格分裂"。孤立地看后一类人，他们身上的极端表现确实令人匪夷所思，但追究一下他们的童年经历，总会发现精神受虐的迹象（注意，是"精神受虐"，可能包含肉体受虐，也可能不包含）。

为什么童年精神受虐的人在成年后会出现人格分裂？

就像自然为一粒种子早已设定好发芽、生根、长叶、开花、结果的生长秩序一样，自然也为人的心理设定了正常的生长秩序。一粒种子的生长潜能必须在适度的阳光雨露下才能正常表达，若遇到旱、涝、冰雹等就无法正常完成生长；人也一样，如果在童年时期没有得到父母的关爱，被寄养，或父母早亡，或父母冷漠、严厉、粗暴等，生命没有得到爱、自由、尊重这些必需的雨露阳光，心理秩序就会被打乱，出现诸多扭曲。成年后就会表现出逻辑思维混乱，怯懦、自闭和暴躁等特征兼而有之——不幸福的童年把他变成一个内心严重不和谐的人，而人类自我基因保存的本能又要求其必须具有融入群体的能力，必须实现社会化。于是他内里的扭曲与社会生活中必须表达的面貌发生冲突，他先天人性中的健康与后天形成的人格缺陷互相纠缠，表现出较严重的"人格分裂"。

人格分裂问题自古以来就困扰着很多人，这些人不但自身经常处于痛苦纠结中，也常常给周围人带来不快，给大家制造麻烦。在实际生活中，人们遇到这种人，往往只会归因为"他就这样，性格不稳定"，仿佛他天生聋哑一样。

十八、十九世纪的美国，经济和政治迅速上升，文化迷茫和精神迷乱也是其显著特征，神经官能症成为高发病。这类人介于精神病和正常人之间，他们身上表现出的人格分裂状态，成为一种引人注目的社会现象。

很多精神科医生和心理治疗师看不到此类心理和童年遭遇的因果关系，试图改善这些人的状况时，往往着眼于孤立的解读和治疗——事实是直到现在，精神治疗和一百多年前比起来，也没有本质性的飞跃和改变，因为医学无法将治疗延伸进一个人的过往生活，而且很多医生也没有这样的追溯能力。究其原因，这是把种地的活儿交给专职养牛的人干，结果当然可想而知。

人是何等丰富的生物，"意识"这种既找不到血管又找不到细胞的东西，人类只能观察到它如何表达，无法控制它的发生。一个人的意识一旦形成了，再靠人力或药物来改善，非常困难，正如蒸好的馒头很难改成包子一样。

面对如何统一患者的分裂人格这个经久未决的难题，心理学家的思维偏向了去发现一块关于人的"新大陆"，以新的发现来解决老问题——在一个靠发现新大陆起家的国家，发现、探索和创新是其显著的特征——为人格分裂问题寻找一个人们做梦也想不到的解释，似乎也是件自然而然的事……在这样的背景下，波荣事件应运而生，一时轰动。

当然，波荣事件也有其他解释，有的人认为他是癫痫发作，因为该病会让人的意识在一段时间缺失；也有人认为波荣是个骗子，"布朗"不过是他为自己的不辞而别编造的谎言；甚至有人认为这是一种人类不能认识的通灵现象，是灵魂附体的一种……种种解释不一而足，但在当时心理学大发展的环境下，"多重人格"这样看起来很科学的解释占了上风。

这件事本身直到今天也没有定论，天知道波荣事件到底是怎么回事，即使全部陈述都是真实的，这种事情的发生必定极其稀少，几乎可以被视作一个传奇，并没有公共意义。但对这件事的解释却被扩展开来，媒体对此表现出极大兴趣，这样的报道总是能抓人眼球，借助报纸，"多重人格"概念很快得到传播。此后，此类报告开始不断出现，十九世纪后期的五十多年间形成高峰。尽管情况和波荣事件差别很大，但都被归入同一类病症中。

例如一位心理学博士提供的一个案例：向他咨询的一位女士，平时充满焦虑，呆板拘束，被催眠过后，会变得像另外一个人，活泼、孩子气、自由自在。接下来博士继续为该女子治疗，她表现出更多的人格特征，好像多个人藏在一具身体里，"她们"既不知道彼此的存在，又要互相纠缠。例如，A 人格把屋子收拾好了，B 人格故意搞破坏，C 人格刚从衣柜里拿套蓝色裙装穿上，D 人格觉得不妥又换成红的。吸烟时，说自己本来是 A 人格，并不想吸烟，只不过是 D 人格强迫自己去吸的。这种人我们平时其实也见过，甚至我们自己有时也会这样，遇事没主见，犹豫不决，或为自己的不作为和堕落找借口——这些表现在博士的报告中被解释为"多重人格"症状，听起来虽然那样玄虚和不可思议，却是确凿无疑。

人们的关注重点都放到了"多重人格"的表现上，意欲从不可思议的现象上找到某种人类未知的东西，很少有人注意到，报告里不经意地提到，这位女士有过一个不幸的童年，儿时遭遇了较严重的精神虐待。

"多重人格"吸引了许多心理学家、医生和相关研究人员，他们纷纷把这个当作自己新的研究领域。

原本患者寻找心理医生，是为了解脱人格分裂所承受的痛苦，医生面对前来咨询者身上那种扭曲的、看起来不可融合的现象又常常不知所措。现在，"多重人格"既提供了一个解释方向，又是一片没人占领的地盘，吸引心理医生和治疗师前来建立事业地盘，也是非常自然的。

相关论文成百上千地生产出来，占领了许多学术期刊的版面，研讨会、学术交流会，学者们郑重其事地拿出他们的"最新发现"。

"多重人格"尤其受到很多心理疾病患者本人及其家属的欢迎，它是一间避难所，收容了许多人的痛苦、变态和失意，给了许多人面子和安慰。比如有些神经质的人，他太情绪化，刚画好一张画，一生气就全给涂抹坏了；或因为一点点小事就和别人大吵大闹。如果在以前，他会自责甚至自卑，别人看他也觉得不可理喻，甚至会瞧不上他。有了"多重人格"解释后，这种不可理喻的行为，就和个性的不成熟或情绪不稳定完全脱钩，被认为是"两个人"在一个身体里斗争，他是无辜的，只是无法同时掌控"两个人"而已。

巨大的推动力还源于各方利益。它解决了不少人的名利问题。

当事人上报纸、上电视，出名，由一个平凡的心理疾病患者，摇身变成了一个与众不同的、具有某种超凡现象的不凡之人，令人刮目相看。相关研究被大大地扩展，成为很多人的一项事业，不少人热情而真诚地投入此项研究中，得到大笔课题经费。相关产业也出现了，催眠术由人们眼中的巫术变成了科学，好多人摇身变成心理治疗师，只要招牌挂出去，不怕没有人送钱上门。

最大的推手是电影和小说。

说到这里不得不佩服美国人的想象力，关于人的意识、精神等方面，他们创作出了不少令人惊讶的作品，有小说有电影。尤其好莱坞电影，依其介质在表现力方面的特殊性，再加上超凡的想象力，围绕神秘的大脑创造出了令人惊叹的故事。

电影和小说一直在寻找有趣的素材，"多重人格"自然被迅速纳入囊中，此类小说和电影风起云涌，仅现在能查到的比较有名的就有一百多部，它们对推广这一概念起到了功不可没的作用。

例如，在由小说改编成电影的《化身博士》（*Dr. Jekyll and Mr. Hyde*）中，一个人的身体里同时装有一位善良的医生与一位邪恶的杀人凶手，他们截然不同又盘根错节地交织在一起，凶杀案在发生，其中一种人格杀了人，另外一种人格却不知道是谁干的……

在《三面夏娃》（*The three faces of Eve*）中，一位女子身上有几种人格轮流"执政"，她一会儿羞涩忧郁，一会儿奔放挑逗，一会儿善良多情，一会儿冷酷无情，各种人格的智商测试也不一样，故事自然也跌宕起伏，令人印象深刻。尽管故事是编出来的，但所表现的"多重人格"现象和解释令人深信不疑，恍惚间确有其事。

"多重人格"的概念从心理治疗界蔓延到全社会，成了流行病。被确诊的人数越来越多，案例报告越来越多，并且"重数"也越来越多。从开始的双重人格，到三重人格，然后一路走高，四重、五重……十重，像比赛似的，越多越好，最多的报告为"十六重人格"。

当时并不是没有人对此症提出异议，有人看出其中的荒谬，提出质疑和批评，认为多重人格现象是通过谣言传播的歇斯底里大流行，是由文化引发的谎言，是被困扰的患者及其顺水推舟的医师之间互动起来的一种流行病，是美国特定文化下的产物。

但这些批评或质疑总会遭到多重人格支持者和不明真相者的猛烈抨击，被指斥为无知或用心不良。一方面批评触及太多人的利益，另一方面媒体对此也没有兴趣，所以这样的声音总如投进洪水中的一块小石头，转眼消失。

不过，"真相"总是无情的，迟早要出来说话。

在"多重人格"泛滥、患者从社会各个角落中像草一样长出来时，一些无法自圆其说的、令人生疑的现象也慢慢被人们注意到。

比如有人发现，各地发出报告的心理医生往往是男性，患者往往是一些喜欢取悦他人的年轻女性，而且这些女性都有一个不幸福的童年，遭遇过虐待或性侵。

另外，由于患者人数越来越多，描述的情况越来越离奇，一些骗子被揭发出来。有的是患者骗了研究人员，有的是患者和心理治疗师合演双簧，骗名骗利。当然也有一些患者出来曝光，说他们是受了治疗师的暗示和引导才那样说那样表现的。

最棘手的是它开始挑战法律。一个人犯罪了，律师会想办法搞来心理学家的诊断，确认罪犯有 A、B、C 三种人格，律师会辩护说他犯罪时是 A 人格下所为，B、C 两种人格都没参与，所以判决他坐牢是不公平的；罪犯也会坚称犯罪时的那个人，不是他自己，是隐藏在体内的一个他无法控制的"坏人"干的。这种情况，给特别追求法治的美国带来很大困扰。

但是人们怎么能轻易抛弃他们坚信的东西？很多人一直试图发现多重人格的"发病机理"，以"科学"来证明它确有其事。

比如有人认为，因为人的大脑有两个半球，正常情况下，两半球是可以协调一致的，"多重人格"患者可能是每个半球各自为政，联系没有打通，互相没协调好。这种理论后来被推翻，掀翻这种假说的是一度流行的对癫痫病的防治办法。

当时有的医生为防止癫痫患者大脑放电现象从一端扩散到另一端，使病情加重，对其施行外科手术，切除或分割患者的胼胝体，人为把大脑的两个半球间隔开。做过这种手术的患者在生理功能上受到一定影响，但在人格上并未出现分裂情况。这一点，实验人员还在猴子身上做过多例实验，证明各自独立工作的两部分大脑并不会造成精神或心理上的分裂。即使在生理功能方面，大脑半球被人为隔开后，经过训练和适应，协调性也能慢慢得到改善和恢复。

在持续半个多世纪的研究高潮中，有假说，有争论，关于解剖和基因方面的猜测不断出现，但最后都不能形成确证，不了了之。

　　"多重人格"闹剧的结束没有一个明确的时间、地点。历经近百年的跨度，终因越演越怪诞，越演越无趣，一代又一代人慢慢演不下去了，也看不下去了，才慢慢终结。到二十世纪八十年代，"多重人格"之说在美国已声名狼藉，学术界已无立足之地，仅是电影界个别人还感兴趣，把它当《聊斋》来拍。后来它还曾转战到欧洲和澳洲等国家热闹了一阵子，结局也同样是不了了之。1994年美国精神病学会重新修订了心理障碍诊断手册，删除了原有的"多重人格"解释。而各国心理学界也将这一说法从教科书中剔出去，不予采纳。至此，它才完全画上句号。

　　不过，这样的电影和小说直到现在还在生产着，只是批量小了很多而已。虽然此类宣传中也经常说"多重人格"是真有其症，但相信的人已很少了，也形不成治疗。没有根基的东西注定没有生命力，这是自然淘汰法则。但人类是容易忘记过去的，我们并不能保证将来有一天，它不会死灰复燃，又成为心理治疗领域一些人的道具。

　　这出闹剧之所以没在中国上演，只是因为当时没来得及，旧中国忙朝代更迭，新中国忙抓革命促生产，到二十世纪八十年代改革开放，打开国门和国际接轨时，这出戏正在缓缓拉上幕布，否则的话，一定会被搬上中国的舞台，观众应该不少，门票可能卖得比美国还好。

　　不过，类似的演出不会结束，反正意识不是人能搞清楚的，只要"查无此证"，就可以随便说。例如当下被严重泛化的"多动症"或"自闭症"，其产生、表现、解释、炒作、普及等各方面，和"多重人格"如出一辙。眼下也许没有哪个个体能证明这些事情的荒谬，但无论如何，时间终会证明。

　　时间，是洞明一切的最伟大的君王，在不动声色的冷眼旁观中，让所有的幺蛾子最终现出原形。

主要参考文献

1.（美）杜威，《民主主义与教育》，王承绪译，人民教育出版社，2001 年 5 月第 2 版。

2.（美）杜威，《我们怎样思维·经验与教育》，姜文闵译，人民教育出版社，2005 年 1 月第 2 版。

3.（苏）苏霍姆林斯基，《给教师的建议》，杜殿坤编译，教育科学出版社，1984 年 6 月第 2 版。

4.（苏）苏霍姆林斯基，《公民的诞生》，黄之瑞、张佩珍等译，教育科学出版社，2002 年 4 月第 1 版。

5.（美）弗洛姆，《为自己的人》，孙依依译，三联书店，1988 年 11 月第 1 版。

6.（美）弗洛姆，《爱的艺术》，李健鸣译，上海译文出版社，2008 年 4 月第 1 版。

7.（意）蒙台梭利，《蒙台梭利幼儿教育科学方法》，任代文等译，人民教育出版社，2001 年 5 月第 2 版。

8.（法）卢梭，《爱弥儿》，李平沤译，人民教育出版社，2001 年 5 月第 2 版。

9.（法）卢梭，《社会契约论》，何兆武译，商务印书馆，2003 年 3 月第 3 版。

10.（美）戴维·迈尔斯，《社会心理学》，侯玉波等译，人民邮电出版社，2006 年 1 月第 1 版。

11.（法）古斯塔夫·勒庞，《乌合之众》，冯克利译，中央编译出版社，2005 年 10 月第 1 版。

12.（英）A.S. 尼尔，《夏山学校》，王克难译，南海出版公司，2010 年 5 月第 2 版。

13.（英）F.A.哈耶克，《致命的自负》，冯克利等译，中国社会科学出版社，2000年9月第1版。

14.（英）安迪·格林，《教育、全球化与民族国家》，朱旭东等译，教育科学出版社，2004年7月第1版。

15.（英）Susan Blackmore《人的意识》，耿海燕、李奇等译，中国轻工业出版社，2008年1月第1版。

16.（日）黑柳彻子，《窗边的小豆豆》，赵玉皎译，南海出版公司，2003年1月第1版。

17.（德）费希特，《论学者的使命 人的使命》，梁志学等译，商务印书馆，1984年10月第1版。

18.（奥）A.阿德勒，《自卑与超越》，黄光国译，作家出版社，1986年9月第1版。

19.陶行知，《陶行知教育文集》，四川教育出版社，2005年5月第1版。

20.钱理群，《语文教育门外谈》，广西师范大学出版社，2003年7月第1版。

21.陈鹤琴，《家庭教育》，华东师范大学出版社，2006年5月第1版。

22.陈琦、刘儒德主编，《当代教育心理学》，北京师范大学出版社，1997年4月第1版。

23.李镇西，《民主与教育》，四川少年儿童出版社，2004年3月第1版。

24.陈嘉映，《哲学 科学 常识》，东方出版社，2007年2月第1版。

25.郑又慧，《父母是孩子最好的音乐老师》，作家出版社，2012年9月第1版。

26.（美）兰德尔·菲茨杰拉德，《食物和药品如何损害你的健康》，穆易译，北京师范大学出版社，2007年6月第1版。

27.（德）耶尔格·布勒希，《疾病发明者》，张志成译，南海出版社，2006年6月第1版。